História Social da Infância

Conceito e Práticas Contemporâneas

Suzy Vieira Março de Souza
Monica Bernardino Mazzo

Freitas Bastos Editora

Copyright © 2025 by Suzy Vieira Março de Souza e Monica Bernardino Mazzo

Todos os direitos reservados e protegidos pela Lei 9.610, de 19.2.1998.
É proibida a reprodução total ou parcial, por quaisquer meios, bem como a produção de apostilas, sem autorização prévia, por escrito, da Editora.
Direitos exclusivos da edição e distribuição em língua portuguesa:
Maria Augusta Delgado Livraria, Distribuidora e Editora

Direção Editorial: Isaac D. Abulafia
Gerência Editorial: Marisol Soto
Diagramação e Capa: Maicon Santos
Copidesque: Lara Alves dos Santos Ferreira de Souza
Revisão: Doralice Daiana da Silva

Dados Internacionais de Catalogação na Publicação (CIP) de acordo com ISBD

S729h	Souza, Suzy Vieira Março de	
	História Social da Infância: Conceito e Práticas Contemporâneas / Suzy Vieira Março de Souza, Monica Bernardino Mazzo. - Rio de Janeiro, RJ : Freitas Bastos, 2025.	
	152 p. : 15,5cm x 23cm.	
	Inclui bibliografia e índice.	
	ISBN: 978-65-5675-472-7	
	1. Sociologia. 2. História Social. 3. Infância. I. Mazzo, Monica Bernardino. II. Título.	
2025-138		CDD 301 CDU 301

Elaborado por Vagner Rodolfo da Silva - CRB-8/9410

Índice para catálogo sistemático:
1. Sociologia 301
2. Sociologia 301

Freitas Bastos Editora
atendimento@freitasbastos.com
www.freitasbastos.com

Monica Bernardino Mazzo

Pedagoga e Mestre em Educação, Arte e História da Cultura pela Universidade Mackenzie.
Especialista em Gestão Escolar pela Fundação Chile.
Especialista em Gestão do Conhecimento pela Fundação Getulio Vargas.
Especialista em Neurociência aplicada à Educação pela Faculdade de Ciências Médicas da Santa Casa de São Paulo.
Professora universitária na Graduação e na Especialização em Educação.
Vasta experiência como Gestora Pedagógica e Administrativa em uma renomada instituição educacional em São Paulo.
Consultora Educacional e Palestrante.
Autora do livro **Funções Executivas na Educação Infantil,** publicado pela Editora Dialética em 2021.

Suzy Vieira Março de Souza

Pedagoga, Mestre em Psicologia da Educação (PUC-SP) e MBA em Gestão Escolar (ESALQ – USP).
Com uma carreira pedagógica sólida, constituída em diferentes segmentos da educação básica das redes pública e privada, atua na gestão escolar, no cargo de Coordenadora Pedagógica, há mais de 20 anos.
Apaixonada pela educação e pelas relações interpessoais que se estabelecem na escola, ministra palestras e participa de debates para partilha dos conhecimentos adquiridos e fomento da formação continuada.
Autora do livro **Gestão Escolar:** Concepções e Práticas, publicada pela Editora Freitas Bastos em 2023.

Sumário

Introdução – A pluralidade da infância: conceito histórico e práticas contemporâneas 7

Capítulo I – História da infância: da Idade Média ao Mundo Contemporâneo 11

Capítulo II – Contexto histórico de infância no Brasil 19

Capítulo III – Caminhos da Educação Infantil no Brasil 29

Capítulo IV – As contribuições de Maria Montessori em relação ao desenvolvimento infantil 33

Capítulo V – Jean-Ovide Decroly e os "Centros de Interesse" na educação 39

Capítulo VI – John Dewey – Princípios fundamentais para uma nova infância 43

Capítulo VII – Célestin Freinet – Um professor, uma pedagogia experimental 47

Capítulo VIII – O desenvolvimento cognitivo das crianças sob a ótica de Piaget 53

Capítulo IX – Concepção de infância sob a ótica de Vygotsky 59

Capítulo X – Concepção de infância sob a ótica de Wallon 65

Capítulo XI – As contribuições de Emmi Pikler para a compreensão do desenvolvimento infantil 71

Capítulo XII – O protagonismo infantil – Contribuições de Loris Malaguzzi 77

Capítulo XIII – Normativas vigentes em relação ao universo escolar 83

Capítulo XIV – A BNCC como alicerce da matriz de saberes da primeira infância 91

Capítulo XV – Abordagens e práticas contemporâneas na escola das infâncias 97

Capítulo XVI – Crianças, espaços e relações. Contextos investigativos na prática 105
    16.1 Abordagem projetual 107
    16.2 Relato de experiência 111
Capítulo XVII – O brincar como ofício das crianças – O lúdico a favor das aprendizagens 115
    17.1 O lúdico e a aprendizagem na Educação Infantil .. 118
    17.2 Relato de experiência 122
Capítulo XVIII – O papel da escuta ativa nos ambientes de aprendizagem das infâncias 125
    18.1 Pedagogia participativa 128
    18.2 Relato de experiência 131
Capítulo XIX – A história da infância a partir do agora 139
Referências 143

Introdução

A PLURALIDADE DA INFÂNCIA: CONCEITO HISTÓRICO E PRÁTICAS CONTEMPORÂNEAS

A infância que conhecemos nos dias de hoje nem sempre teve essa concepção. A ideia de a infância ser um ciclo da vida com características próprias e distintas dos demais ciclos foi construída durante a história, como você, leitor, verá no decorrer desta obra. Para entendermos o conceito do que representa a concepção de infância hoje, é necessário analisar em que condições a criança foi inserida nas diferentes épocas ao longo da história. A evolução conceitual desse período, está intimamente ligada a proposições de cunho político, cultural e econômico. Para Mrech *apud* Kishimoto (2007), a criança, ao longo da história, foi um depósito de processos transferenciais dos adultos, em termos de conteúdos e formas.

O estudo das representações ou das práticas infantis é considerado tão importante que a historiografia internacional já acumulou consideráveis informações sobre a criança e seu passado (Priore, 2023). Nos últimos anos, pesquisas em Ciências Sociais, Humanas e Neurociência têm nos aproximado das culturas e linguagens infantis, abordando a infância como categoria social, compreendendo a criança como sujeito e dando destaque às suas formas de sociabilidade. Essas pesquisas contribuem para a constituição de uma produção transdisciplinar de estudos acerca da infância e sinalizam a emergência de estudos que tomam as crianças como sujeitos ativos na vida social, produtoras de uma cultura própria, as "culturas infantis". Isso se coloca em oposição a uma concepção de infância que enxerga a criança como objeto passivo de uma socialização orientada por instituições ou agentes sociais, uma folha em branco onde se pode escrever qualquer ideia.

Priore (2023) afirma que nossa tarefa é resgatar a história da criança não apenas enfrentando um passado e um presente cheio de tragédias anônimas – como a venda de crianças escravas, a sobrevida nas instituições, a violência sexual, a exploração de sua mão de obra –, mas tentando também perceber para além do lado obscuro e muitas vezes cruel.

Resgatar esse passado significa dar voz aos documentos históricos, avaliando-os profundamente e lembrando que se referem às interpretações relacionadas aos contextos sociais de cada época que tinham concepções distintas sobre a infância.

A construção do conceito moderno de infância surgiu com os estudos de Philippe Ariès e discussões que esse conceito causou no campo das ciências sociais, principalmente na Europa e nos EUA, chegando ao Brasil em 1980. Vários historiadores vão discordar dos estudos de Ariès afirmando que as sociedades do passado poderiam não ter uma concepção moderna de infância, mas poderiam ter maneiras distintas de pensar esse período.

Pesquisas e estudos nas várias áreas do conhecimento sobre as infâncias e seus espaços de convívio e atuação se baseiam em dois argumentos centrais, segundo Silva (2020). O primeiro, coloca as crianças como sujeitos ativos, que possuem vontades e necessidades próprias e, a partir disso, produzem espaços, ressignificam, interferem e são interferidos. O segundo é ver no espaço geográfico um fator imprescindível para a compreensão das crianças e de como elas vivem as diferentes infâncias, pois são constituintes e constituídas por esses espaços.

Pode-se pensar, então, várias temáticas a partir do olhar da relação entre o espaço e o indivíduo. Quando nos deparamos com a situação de adolescentes (e crianças) em restrição de liberdade, não podemos deixar de lado os fatores que o espaço impõe sobre essas vidas (Silva, 2020).

No decorrer deste livro, você vai conhecer a linha histórica da infância desde a Idade Média até a Contemporaneidade. Sua situação frente ao mundo adulto, sua escravidão, seu sofrimento até ser a infância reconhecida como um ciclo de vida, com vontades, curiosidades e visão própria de mundo. Essa nova concepção se inicia com Froebel com a criação do primeiro Jardim da Infância e, depois, no início do século XX, a Escola Nova impulsiona a educação infantil. Vive-se um clima de renovação e de sensibilidade em relação às necessidades das crianças menores e abrem-se novas perspectivas quanto ao nível educativo (Arribas, 2004).

Dando sequência a esse movimento, o leitor encontrará educadores que influenciaram de forma significativa o conceito de escola infantil. Montessori, Decroly, Freinet, Dewey, Piaget, Vygotsky, Wallon, Pikler e Malaguzzi enfatizam o desenvolvimento, as necessidades e os interesses da criança, assim como o fomento de sua autonomia e das interações com o meio natural e social. Arribas (2004) afirma serem esses os eixos vertebrais das propostas docentes para a educação infantil.

Na linha histórica, ao chegar na contemporaneidade, os projetos para educação infantil são fundamentados em estudos que trazem normativas, assim como abordagens e práticas compatíveis com a sociedade atual, em constante e rápida transformação. A Base Nacional Comum – BNCC (Brasil, 2017) traça as diretrizes, os valores, as habilidades sociais básicas que sedimentam as bases dos processos de aprendizagem.

A participação de forma ativa de seu próprio processo de integração social e a descoberta das possibilidades que os ambientes social e natural lhe oferecem são garantidas pelos espaços, as relações, o brincar e o protagonismo infantil nos capítulos finais.

Conhecer a história da infância é mergulhar em um mundo novo, desafiador, com momentos de angústia, medo, e outros de prazer, contentamento e esperança.

Embarque agora nessa viagem de conhecimento iniciando pela Idade Média!

Capítulo I

História da Infância: da Idade Média ao Mundo Contemporâneo

Quando vemos uma criança sentada em uma cadeirinha na Educação Infantil, raramente nos perguntamos sobre a história da infância e o seu desenvolvimento em diferentes momentos da História da Humanidade. Esse conteúdo, na verdade, deveria fazer parte da formação do professor ou professora para compreensão do conceito de infância ao longo da História até sua atual situação. Conhecer os diversos caminhos da história pelos quais a criança percorreu traz reflexões profundas e muda o olhar para a infância.

A palavra infância (*infantia*) vem do latim, sendo *in* = prefixo que indica negação e *fante* = falar, dizer. No todo, significa aquele que ainda não é capaz de falar. Durante muitos séculos, o lugar ocupado pelas crianças passou por diversas transformações, sendo insuficiente em cuidados e qualidade de vida. A criança era um ser sem evidência na sociedade. Ela era considerada um adulto em miniatura, usada como instrumento de trabalho e até mesmo sexual, e apresentava um número elevado em mortalidade infantil.

Comecemos pela Idade Média, período em que quase não se tem registros do conceito de infância e de como as crianças eram tratadas nessa fase da vida. Muito do que se conhece vem da observação dos registros em quadros, pinturas, estátuas e painéis dessa época. Ariès (1981) afirma que a sociedade via mal a criança, enquanto frágil e dependente dos adultos. Ao adquirir algum desembaraço físico, de criança pequena se transformava imediatamente em homem, sem passar pela fase da juventude, partilhando de seus trabalhos e jogos. Nesse período, as crianças eram misturadas aos adultos e aprendiam técnicas e saberes tradicionais por meio desse contato. A vida era igual para todas as idades. Não havia estágios que discriminassem as características de cada faixa etária. Até por volta do século XII, a arte medieval ignorava a criança e não tentava representá-la.

Heywood (2004) também afirma que não se tem registros de história de vida de artesãos ou camponeses durante a Idade Média, e mesmo o relato dos nobres de nascença ou dos devotos não continha muito interesse pelos primeiros anos de vida.

Ariès (1981) diz que, na sociedade medieval, o sentimento de infância não existia, isto é, a consciência da fase da infância e de sua particularidade não era reconhecida. A vida era vista de forma homogênea, não havendo diferenciação entre os períodos da vida.

> A criança, por muito tempo, não foi vista como um ser em desenvolvimento, com características e necessidades próprias, e sim, homens de tamanho reduzido (Ariès, 1981, p. 18).

Ariès (1981) explica que a ausência do sentimento de infância é percebida, quando analisamos o alto índice de mortalidade infantil e de infanticídio praticado pelas mulheres na Idade Média. Era comum, entre as famílias, a perda de filhos ainda pequenos, e visto com naturalidade, justificando que poderiam ser substituídos pelos outros que viriam. Em Portugal, como em toda a Europa, a alta mortalidade infantil alimentava uma mentalidade de desapego à criança.

É nesse período, também, que surgem, na Itália, as rodas de expostos. Freitas (2001) explica que eram dispositivos onde se colocavam os bebês que se queria abandonar. Tinham a forma cilíndrica, dividida ao meio, e eram fixadas no muro ou na janela da instituição de caridade. Tinham um tabuleiro inferior em sua abertura externa, onde a pessoa colocava a criancinha que enjeitava. Em seguida, girava a roda e a criança passava para o outro lado do muro. Tocava uma sineta para avisar à entidade e se retirava do local sem ser identificada.

Ainda no período da Idade Média, quando as crianças deixavam de ser um infante, por volta dos sete anos, eram encaminhadas para o convívio com outras famílias, local em que aprendiam os hábitos, os costumes e o modo de ser. A criança aprendia pela prática, pelo serviço doméstico. O conhecimento era transmitido de uma geração a outra pela participação familiar das crianças na vida dos adultos. O sentimento de infância ainda não existia para essas famílias, mas não queria dizer que não houvesse o afeto. A família era uma realidade moral e social, mais do que sentimental, como diz Ariès (1981).

Ele percebe dois sentimentos de infância a partir do século XVI, que vão se consolidar nos retratos de família do século XVIII, quando a criança faz parte do centro do mundo familiar. O primeiro sentimento de infância ocorre no século XVI, identificado como "paparicação" às crianças pequenas no ambiente familiar. O segundo é a consciência da especificidade dessa etapa da vida humana, e teve o apoio dos homens da lei e de moralistas preocupados com a disciplina e a racionalidade dos costumes.

A partir do século XVI surge, então, uma nova mudança: as crianças passam a frequentar a escola, em vez de se dirigirem às casas de outras famílias. Elas deixam de ser misturadas aos adultos e de aprender a vida com eles para iniciar seu período de escolarização.

Alguns elementos contribuíram para a geração do sentimento de infância a partir do século XVII, segundo Ariès (1981):

– A reforma luterana: a criação de escolas foi um de seus instrumentos de evangelização.

– A reforma católica: a criação da Companhia de Jesus por Inácio de Loyola foi um dos principais esteios, e a Ordem Jesuíta fez do ensino um dos principais meios de defesa da Igreja Católica.

– A formação do Estado Moderno: controle da vida do indivíduo, maior preocupação com os filhos.

– As obras de moralistas, homens da lei, eclesiásticos e educadores (Comenius, Locke e Rousseau). Um dos aspectos comuns aos três educadores é a valorização da criança no processo pedagógico. Os três levam em conta o amadurecimento biológico e psicológico da criança. O professor, ao ensinar, deve levar em conta as condições da criança, variáveis conforme sua idade.

Comenius, considerado o pai da Didática, é um dos primeiros educadores que propõem uma educação adequada a cada etapa do desenvolvimento humano. Sua proposta era o ensino de tudo a todos: crianças, adultos, diferentes etnias, ambos os sexos e qualquer categoria social. Proposta pioneira na democratização do ensino. Suas ideias para um mundo de paz e de oportunidades iguais para todas as pessoas são ainda hoje inspiração para projetos promovidos pela Unesco, por diversas ONGs e escolas do mundo. Em uma de suas obras, intitulada **Didática Magna**, encontramos teorias, mas também suas experiências vividas em sala de aula, em que faz diálogos entre a teoria e a prática. São propostas metodológicas em que ele enfatiza que no processo de ensino-aprendizagem são fundamentais o respeito, o afeto e o prazer em ensinar e aprender. Uma das propostas é sua ideia para organização da escola:

– Escola Maternal: vai até os 6 anos e deve ensinar ciências.

– Escola Elementar: vai até os 12 anos, e nela se ensina uma instrução geral e virtudes. Cultiva-se a inteligência, a memória e a imaginação. Deve ser obrigatória.

– Escola Latina ou Ginásio: dos 12 aos 18 anos, prepara os alunos para estudos superiores, e, quando terminam, realizam um exame para entrar em uma academia.

– Academia: dos 18 aos 25 anos, e é muito parecida com a universidade.

Comenius foi um grande educador do século XVII que até hoje deixa aprendizagens significativas no processo de ensinar e aprender.

Cauvilla (1999) cita Locke como uma espécie de transição porque, como elaborador do empirismo filosófico, vê a alma humana como uma *tabula rasa*, na qual o conhecimento só pode ser inscrito a partir de uma experiência que vem do mundo externo via sentidos. Locke também espera que o educador obedeça aos passos do "desenvolvimento natural" – biológico, psicológico – do educando. A ação pedagógica deve ser conduzida com cuidado e sabedoria, proporcionando experiências em vista de um determinado fim. Isto é, desenvolvendo as disposições naturais voltadas para o bem, disciplinando-as e freando as inclinações para o mal. É assim que Locke acredita que o caráter germina e frutifica em torno da experiência individual, e pode ser ampliado pela educação.

Pode-se até dizer que ele foi um "precursor" das chamadas pedagogias ativas, pois chegou a propor que as crianças fossem alfabetizadas brincando com dados inscritos com letras do alfabeto. Ozmon e Craver (2004) relatam que Locke acreditava que a mente de cada homem tem suas peculiaridades, e dificilmente existem duas crianças que possam ser conduzidas pelo mesmo método. Enfatizava a individualidade, a autodisciplina, a importância de debater com as crianças e o desenvolvimento do caráter, assim como o do intelecto. Apresentou uma visão liberal e humana da educação, especialmente em comparação com o que existia na sua época, mas, embora defendesse a democracia, suas recomendações educacionais concentravam-se principalmente nos interesses das classes superiores.

Nesse período encontramos, também, Rousseau, considerado um dos maiores educadores da Modernidade. Foi leitor de Locke e sofreu influência tanto da doutrina católica como da calvinista. A partir daí elabora sua concepção de homem, de mundo, de sociedade e do universo. Na educação, sua obra principal é **Émile**, publicada em 1762, em que defende o contato da criança com a natureza. Sua teoria geral dizia que, quanto mais distante o ser humano se encontra da natureza, mais corrompido ele fica. **Émile** é a primeira obra sobre educação em que o educando é o centro do processo educativo. É ele que, concretamente, elabora o "programa de seus estudos"; nada é predeterminado pelo preceptor, este apenas conduz o educando, a partir dos interesses expressos por ele (Cauvilla, 1999).

O mundo da criança, para Rousseau, é tão frágil que precisa de proteção, e o adulto tem a função de afastá-la do mundo artificial que a sociedade lhe apresenta e proporcionar-lhe meios para que esteja o mais próximo possível da natureza. Acreditava ser na infância o momento em que a criança precisa desenvolver sua autonomia e ser responsável pelos seus atos. Afirmava que a criança precisa ser respeitada como criança, e esse deve ser o primeiro princípio pedagógico da educação natural. Favorecer suas brincadeiras, seus instintos e seus prazeres, evitando os "castigos", é parte integrante da educação natural. Rousseau mostra-se convicto quanto à artificialidade gerada pela sociedade iluminista, afirmando que esta artificialidade corrompia o caráter da criança, gerando vícios e levando-a a ser tratada segundo os ideais dos adultos (Santos, 2016). Assim, ele estabelece uma espécie de pedagogia puerocêntrica.

Não há dúvida de que foi o aspecto, talvez, mais ético do que pedagógico, de um total respeito ao aprendente, que deu à obra de Rousseau toda a importância que até hoje recebe.

Todos esses elementos coincidem com o desenvolvimento das escolas ou colégios com um crescente processo de escolarização que virá até o século atual. O processo de escolarização, diz Priore (2023), provocou uma metamorfose na formação moral e espiritual da criança, em oposição à educação medieval feita apenas pelo aprendizado de técnicas e saberes tradicionais, ensinado pelos adultos da comunidade.

Com a escola sendo responsável pela aprendizagem houve uma aproximação das famílias com as crianças, do sentimento de família e do sentimento da infância. A família concentrou-se em torno da criança.

É importante lembrar que para as meninas o procedimento era diferente. Durante muito tempo foram educadas pela prática e pelo costume, e muitas vezes em casas alheias. Ariès (1981) afirma que a maioria era educada em casa ou na casa de outras pessoas, uma parenta ou vizinha.

Portanto, o conceito de infância foi construído historicamente, a partir do final da Idade Média e durante a Idade Moderna na Europa. A partir do século XIX e da Idade Contemporânea é que a criança ocupa de fato o seu espaço de direito, abrindo caminho para o conceito de infância que temos atualmente. No fim do século XX, surge no Ocidente uma nova ideia de infância devido ao desenvolvimento da escolarização compulsória e à preocupação de políticos e instituições de bem-estar social.

No Brasil, a escolarização e a emergência da vida privada chegaram com grande atraso, segundo Priore (2023). A autora afirma que, comparando-se com os países ocidentais, onde o capitalismo se instalou no início da Idade Moderna, o Brasil, país pobre, apoiado inicialmente no antigo sistema colonial e, posteriormente, em uma tardia industrialização, não deixou muito espaço para que essas questões florescessem.

E, nesse caminhar histórico, veremos no próximo capítulo, como ocorreu o desenvolvimento da infância em terras brasileiras.

Capítulo II

Contexto histórico de infância no Brasil

A instabilidade e a permanente mobilidade populacional dos primeiros séculos de colonização fazem com que se tenha pouco registro que defina a criança durante esse período. Eram chamadas de "meúdos", "ingênuos" e "infantes". Priore (2023) observa que, na mentalidade coletiva, a infância era um tempo sem maior personalidade, um momento de transição, uma esperança. Como veremos a seguir, foi um período marcado por tragédias, escravidão, violência, abusos sexuais e exploração da mão de obra infantil – situações que mostram a ausência de preocupação com as crianças nesse período.

A história do Brasil começa, oficialmente, com o seu descobrimento, em 1500, porém, o processo de colonização se inicia em 1530, com a chegada dos colonizadores portugueses. Nas embarcações, além de homens e mulheres que vinham se aventurar na Terra de Santa Cruz, havia crianças na condição de grumetes ou pajens, órfãs do Rei, enviadas ao Brasil para se casarem com os súditos da Coroa. Outras crianças vinham em companhia dos pais ou de parentes.

Priore relata que o cotidiano infantil a bordo das embarcações portuguesas era extremamente penoso para os pequeninos:

> Os meninos não eram ainda homens, mas eram tratados como se fossem e, ao mesmo tempo, eram considerados como pouco a mais que animais cuja

mão de obra deveria ser explorada enquanto durasse sua vida útil (Ramos *apud* Priore, 2023, p. 20).

Era uma época em que as meninas de 15 anos eram consideradas aptas para se casar:

> As meninas de 12 a 16 anos não eram ainda mulheres, mas em idade considerada casadoura pela Igreja Católica, eram caçadas e cobiçadas como se o fossem (Priore, 2023 p. 48).

A viagem era marcada por uma dramática história de violência, trabalhos forçados, fome, sede, fadiga, insalubridade, doenças e riscos constantes de falecimento, sendo poucas as crianças que chegavam vivas ao Brasil.

Priore afirma que a história do cotidiano infantil a bordo das embarcações portuguesas no século XVI foi uma história de tragédias pessoais e coletivas. Pode-se classificá-la como uma história trágico-marítima.

A mortalidade infantil era alta nesse período, e Aguiar (2022) diz que era um alívio quando mãe e filho sobreviviam ao parto. O início da vida era assombrado pelo espectro da morte, e 50% das crianças morriam antes dos sete anos. A criança era uma transitoriedade, à qual era necessário sobreviver. Os adultos (sobretudo mulheres e religiosos) tinham a responsabilidade sobre esse transitório. Afirma ainda que as crianças eram igualadas às coisas, talvez uma estratégia para minimizar o sofrimento da perda.

Dessa forma, em um momento de choque entre as civilizações e as visões de mundo, nasce nossa nação. Em 29 de março de 1549, desembarcam os primeiros jesuítas da Companhia de Jesus, liderados pelo Pe. Manuel da Nóbrega, junto ao primeiro governador geral Tomé de Souza. Segundo Aguiar (2022), os jesuítas possuíam um projeto que pode ser chamado de civilizatório: disseminar o Evangelho, chamado de "a verdadeira fé", com a finalidade de converter o maior número de gentios ao cristianismo católico por meio da educação.

Em 1599, é promulgada a *Ratio Studiorum* que nortearia a educação jesuítica. Ela concebia o sujeito enquanto folha em branco e defendia a aprendizagem por meio da memorização. Utilizava-se o teatro como estratégia de aprendizagem, com textos decorados que tratavam da vida dos santos e episódios bíblicos. O dogma era ensinado por meio de diálogos com perguntas e respostas (Aguiar, 2022).

Melo (2020) afirma que essa ideia de a criança ser um papel em branco era fruto das novas concepções de infância que estavam surgindo na Europa, que contribuíram para que a Companhia de Jesus se enquadrasse no novo pensamento e aos poucos construísse condutas específicas em relação às crianças. Aguiar (2022) complementa que essa mudança de mentalidade via os "miúdos" como puros, a exemplo do Menino Jesus. Além disso, eles acabavam se convertendo e disseminavam os valores dos colonizadores, repreendendo seus pais e contribuindo para extinguir quatro hábitos considerados condenáveis pela Igreja: antropofagia, poligamia, pajelança e nudez.

Os jesuítas também ensinavam os indígenas a cantar e tocar instrumentos como forma de introjeção de valores cristãos e transformação de costumes.

> [...] os meninos índios das aldeias eram também ensinados a fazer as suas danças à portuguesa com tamborins e violas, com muita graça, como se fossem meninos portugueses... (Chambouleyron *apud* Priore, 2023 p. 65).

O ensino musical era de suma importância não só para o aprendizado da doutrina, mas também para a participação nas mais variadas formas da vida religiosa, complementa Priore

(2023). A presença da educação católica promoveu uma transformação na vida das crianças indígenas.

Com o passar do tempo, os jesuítas começaram a temer que os antigos alunos esquecessem tudo o que lhes fora ensinado, voltando para os antigos costumes. Esse receio leva os padres à estruturação de um rígido sistema disciplinar caracterizado por uma vigilância constante, delação e castigos corporais (Priore, 2023).

As escolas de ler e escrever também eram abertas aos filhos dos portugueses. Nos colégios aprendia-se gramática, teologia, artes, humanidades, latim. Os alunos participavam de recepções a autoridades e procissões.

Melo (2020) afirma que, apesar de os primeiros anos do período colonial terem como marco a implantação de uma educação voltada para crianças indígenas, mestiças ou filhas de portugueses, durante muito tempo foram percebidas disparidades gritantes no tratamento direcionado a crianças de grupos distintos: as das famílias de elite e as de origem pobre.

Pode-se afirmar que, na segunda metade do século XVI, a Companhia de Jesus se estabeleceu no Brasil, e entenderam que era às crianças que deviam ensinar os caracteres da fé e da virtude cristã. E assim fizeram, utilizando-se de projetos e estratégias por meio da escolarização.

Não só os jesuítas estiveram presentes na educação das crianças no Brasil, houve a participação de outras entidades religiosas, do governo real, do bispado, de outras corporações e da sociedade literária. Ainda no século XVI, são criadas as primeiras Casas de Misericórdia, sendo a da Bahia a mais antiga. Elas terão um papel importante durante o século XVII. Geralmente, os membros eram recrutados entre os indivíduos mais abastados da sociedade. Aguiar (2022) relata que a manutenção de serviços prestados era feita pelos irmãos, dos juros sobre os empréstimos concedidos, das rendas das propriedades e de bens herdados como dinheiro, terras e escravizados. Era comum também que fiéis depositassem esmolas nas rodas instaladas nas Santas Casas. Essas esmolas podiam ser alimentos, remédios, dinheiro ou mensagens.

Com o passar do tempo, as crianças passaram a ser também depositadas nas rodas que começaram a ser chamadas de "rodas dos expostos" ou "rodas dos enjeitados". As primeiras foram construídas no século XVIII, na Bahia, em 1726, e no Rio de Janeiro, em 1738. Melo (2020) relata que a assistência aos expostos era feita pelos hospitais ou pelas câmaras municipais. Por muito tempo a ideologia presente nas instituições era a caridade cristã, representada pela piedade com os pequenos indefesos abandonados por suas mães. Mais tarde a assistência passou a ser por conta do Estado, perdendo-se o caráter caritativo e passando para o filantrópico.

Nesse período, Aguiar (2022, p. 106) também enfatiza que a mortalidade entre as crianças expostas era alta, ocasionada pela falta de higiene e de alimentos nos abrigos:

> A exposição era uma prática urbana e tornou-se um fato cotidiano no Brasil a partir do século XVIII. Em cidades e vilas que não contavam com uma roda, as crianças eram deixadas nas portas das igrejas. Geralmente, as crianças escravas não eram enjeitadas, seus senhores as vendiam antes disso.

A roda foi uma das instituições brasileiras mais antigas trazidas à colônia e perpassou o século XX, extinta em 1950. A roda foi assistida no Brasil por instituições filantrópicas em conjunto com novos mecanismos de assistência à infância pobre e abandonada. Atendia às novas exigências médico-higienistas, sociais, morais, políticas, jurídicas e econômicas do início do século XX (Marcílio, 2011 *apud* Azevedo; Sarat, 2015).

Muitos foram os motivos para o enjeitamento de crianças durante um longo período da história: ilegitimidade, honra da mulher, falta de recursos, controle da natalidade. O fato de não sobreviver ou não ser criada pela própria família sinaliza que a infância ainda estava em processo de construção, em busca de uma identidade que a diferenciasse do mundo adulto.

Durante o período colonial, percebe-se que a educação e a medicina vão mudando o olhar sobre a criança pois, além de lutar pela sua sobrevivência, educadores, pais e médicos a adestravam para assumir responsabilidades. Entre os séculos XVI e XVIII, com a percepção da criança como algo diferente do adulto, surge uma preocupação educativa em se ter cuidados de ordem psicológica e pedagógica (Priore, 2023). No século XVIII, fortalece-se o discurso sobre a educabilidade da infância, como um momento da vida que deve ser protegida permitindo um aumento de investimentos na escolarização da criança e na democratização do acesso à escola ao longo do século XIX. Esse processo de educação das crianças brasileiras não aconteceu de forma linear, sem conflitos, mas em meio a mudanças nos processos sociais de constituição do Estado, transformações do sistema produtivo, constituição de novos arranjos familiares, reorganização social em que o país esteve imerso em finais do século XIX e início do século XX (Azevedo; Sarat, 2015).

O Brasil tem uma longa história de exploração da mão de obra infantil, e a extinção da escravatura foi um divisor de águas para isso. Rizzini *apud* Priore (2023, p. 377) afirma que a partir daí multiplicaram-se iniciativas privadas e públicas dirigidas para o preparo da criança e do adolescente para o trabalho na indústria e na agricultura. Muitas crianças eram recrutadas nos asilos de caridade com a justificativa de dar-lhes uma ocupação e evitar a vagabundagem e a criminalidade: "Trabalhavam 12 horas por dia, em ambiente insalubre, sob rígida disciplina. Doenças, como a tuberculose, faziam muitas vítimas".

Era comum escolherem crianças para exercerem funções de precisão e delicadeza, como a limpeza de maquinário. Suas mãos pequenas eram ideais para a função, aumentando o risco de acidentes que resultavam em amputações e mortes (Aguiar, 2022).

As novas relações de trabalho que aparecem com a industrialização e as demandas da vida exigem alternativas para a educação das crianças, surgindo, assim, as instituições de atendimento à infância no século XIX. Dois tipos de atendimento diferenciado surgem no século XIX e no início do século XX: um de caráter mais assistencial para as classes populares (asilo ou creche) e outro com caráter pedagógico para as classes mais abastadas (Jardim de Infância). O surgimento e a expansão dessas instituições passam a ser percebidos como proposta inovadora, símbolo da modernidade, exaltação do progresso e da indústria no país (Kuhlmann Jr. *apud* Azevedo: Sarat, 2015).

Com um novo momento histórico, a Proclamação da República, o discurso promove uma súbita valorização da criança, representando-a como herdeira da República. Cabe ao Estado exercer o papel de preceptor dos novos, tirando-os do âmbito do privado, familiar e afetivo e conduzindo-os para o âmbito do público, social e político, cujo enredo deve ser a liberdade e o progresso (Monarcha *apud* Freitas, 2001).

Somente no século XX, inicia-se uma preocupação com as particularidades das crianças, e a infância começa a ser discutida, apesar de o Estado não saber o que fazer com as crianças abandonadas e marginalizadas e não ter como objetivo o bem-estar e a segurança de cada uma.

Mas, no final do século XX, a infância torna-se uma questão preocupante para o Estado e para as políticas não governamentais, para o planejamento econômico e sanitário, para legisladores, psicólogos, educadores e antropólogos, para a criminologia e para a comunicação de massa. Uma sociedade que oscila entre a proteção da infância e a sua formação para o trabalho. A ostensiva dramaticidade dos problemas da infância – o trabalho infantil, a pobreza, a delinquência, a violência, a exclusão da cidadania e as políticas públicas – não é nem nova e nem menos trágica do que nos séculos anteriores. Antes da industrialização e da urbanização, com a explosão demográfica nas cidades médias e grandes, tais problemas ficaram confinados à obra de escritores europeus e americanos, e à documentação de asilos, instituições religiosas e leigas que escreviam baseados na sua observação (Leite *apud* Freitas, 2001).

Três pontos redimensionam a relação caridade-crueldade no final do século XX no Brasil, chamada de nova filantropia: a contenção de programas sociais de Estado com parcerias não governamentais; a ação jurídico-policial de encarceramento de infratores como medida de prevenção geral contra violências levando à proliferação de prisões e à diversificação das penas como medidas socioeducativas; e a disseminação da ação contra violentadores de crianças e adolescentes (Passetti *apud* Priore, 2023).

O Brasil contemporâneo é um país de grandes contrastes que por vezes se traduzem na manutenção de históricas desigualdades. Por um lado, crianças são vistas como potência, com futuro grandioso, com retorno de escolas caras, cursos de idiomas, viagens, por outro lado, crianças muito pequenas acompanham seus pais em formas de trabalho informal, mostrando que a creche e a pré-escola ainda faltam para os mais vulneráveis. No entanto, surgem novas perspectivas sobre a infância que conduzem a novas condutas sobre o seu cuidado e sobre o papel da família – está também redefinida na sua composição. Temas como o afastamento das crianças do consumismo e a promoção de hábitos de vida mais saudáveis são discutidos por grupos diversificados (Aguiar, 2022).

Colocar todas as crianças na escola é uma meta que depende da melhoria das condições de vida da população. Políticas sociais que garantam uma renda mínima a estas famílias são necessárias para que a criança vá para a escola e lá permaneça. A criança que não estuda não tem alternativa: ela irá perpetuar sua condição de miséria, tornando-se um adulto mal remunerado por falta de qualificação profissional. No mundo da informação, a criança sem escolarização, tornada um indivíduo analfabeto ou semianalfabeto, compromete a sua existência e a dos seus em um círculo sem fim (Rizzini *apud* Priore, 2023).

Capítulo III

Caminhos da Educação Infantil no Brasil

Cabe aqui, mesmo que em linhas gerais, resgatar a história da infância no universo sócio-histórico para melhor compreendermos o atendimento às crianças pequenas no âmbito da Educação Infantil.

Ao analisar a história da infância, partimos da noção de que essa é uma construção histórica e existem amplos contrastes em relação ao sentimento que ela, a infância, despertou no decorrer dos tempos. Em um processo secular, marcado por transformações sociais, a criança gradativamente passou a ocupar um significativo lugar na sociedade, que passou a ver nela um ser, com um modo próprio de sentir, pensar e agir.

Ao considerarmos os apontamentos de Ariès (1981), quando fala sobre a sociedade do século XVII, que concebia as crianças como seres em miniaturas, parece-nos claro que, de fato, as crianças eram inseridas na realização de tarefas cotidianas e no convívio com os adultos o mais cedo possível. Não parecia haver uma preocupação específica quanto à formação e ao desenvolvimento infantil, que só passam a fazer sentido a partir do movimento das reformas religiosas (católicas e protestantes do século XVII), o qual contribuiu para a construção de um olhar diferenciado para a aprendizagem dos pequenos. Assim, foi se tornando paulatinamente importante educá-los, se possível, em escolas e sob a direção da igreja: o convívio com os adultos foi perdendo seu lugar. Nota-se, nesse período, a presença de uma educação de caráter religioso e repressor, que buscava impor aos infantes, vistos como frutos de pecado e seres imperfeitos, um padrão moral:

> [...] o sentimento de infância corresponde a duas atitudes contraditórias: uma considera a criança ingênua, inocente e graciosa e é traduzida pela paparicação dos adultos, e a outra surge simultaneamente à primeira, mas se contrapõe a ela, tornando a criança um ser imperfeito e incompleto, que necessita da 'moralização' e da educação feita pelo adulto (Kramer, 2003, p. 18).

Para Kramer (2003), o processo secular e gradativo de as famílias assumirem afetivamente suas crianças, deu origem a uma transformação universal no modo de viver da burguesia, pois elas passaram a ser vistas como seres que precisavam ser cuidados, escolarizados e preparados. O mesmo não ocorre com os filhos do proletariado que, envoltos em suas carências de ordem material, continuaram a ser inseridos desde cedo nas tarefas do cotidiano, sem ter oportunidades de usufruir da gradativa transformação que gerou essa nova percepção de infância. Do ponto de vista da historicidade, a educação das crianças esteve realmente atrelada à responsabilidade da família.

O processo de valorização das crianças deu origem a mudanças educacionais, na tentativa de atender às novas demandas de educação. Surgem as preocupações em compreender a aprendizagem, a mentalidade das crianças como não sendo assunto exclusivo da esfera religiosa, adaptando os métodos de educação que, se até então almejavam nelas inculcar o caráter cristão, acabaram sendo direcionados para a aprendizagem e o desenvolvimento do princípio da razão, do cristianismo e da racionalidade (Loureiro, 2005).

Após a Primeira Guerra Mundial, a reverência à criança culmina no Movimento da Escola Nova, que marcou um momento significativo da renovação do ensino. Fortalecem-se, então, princípios importantes, como o do respeito à criança no contexto escolar (considerando suas especificidades) e o de um ensino adequado às características do pensamento infantil. As teorias pedagógicas apropriaram-se gradativamente das concepções psicológicas, sobretudo na Educação Infantil, impulsionando o seu crescimento.

Pensando na concepção de infância contemporânea, marcada por constante transformação tecnológico-científica e por grandes mudanças sociais, percebemos que a criança foi, ao longo do tempo, ganhando legitimidade social e cidadã, ancorada em direitos para viver e usufruir da vida em sociedade. Assim, a partir do final do século XX, a criança passou a ser concebida como alguém com necessidades a serem supridas, tanto do ponto de vista físico como do cognitivo, do psicológico, do emocional e do social. Salienta-se, dessa forma, a importância de um atendimento integral e integrado ser a elas dispensado.

A história da Educação Infantil no Brasil acompanha a história da criança no mundo. Em seu início, ela era caracterizada principalmente como uma instituição cuidadora, cuja missão era substituir o lar, uma concepção assistencialista que desconsiderou as necessidades dessa faixa etária até o início do século XX. Dessa forma, os resultados da Educação Infantil, longe de serem considerados satisfatórios, permaneceram ocultos. Com o Movimento Escolanovista, iniciado na Europa e trazido ao Brasil pelas influências americana e europeia, surgiu a ideia de se construir os assim chamados "jardins de infância", direcionados para crianças da classe alta, seguindo uma programação pedagógica inspirada notadamente em Froebel, na qual se defendia ser o aprendizado função dos interesses de cada um. Para Froebel, um dos primeiros educadores a salientar o início da infância como fase de importância decisiva na formação das pessoas, a criança é comparada a uma planta, que precisa de cuidados especiais e recorrentes para que se desenvolva plenamente.

Diante da crescente industrialização e urbanização que marcaram o século XX, o uso da mão de obra feminina ganhou força e, consequentemente, cresceu a demanda por instituições que cuidassem das crianças pequenas, filhas de mulheres operárias, assumindo um caráter basicamente assistencialista, sem preocupações de cunho pedagógico com o desenvolvimento infantil.

Segundo Chicon e Soares (2005), em meados dos anos 1980, com o processo de abertura política, as camadas populares pressionaram o governo por ampliação do acesso à escola, reivindicando que a educação da criança pequena passasse a ser um dever do Estado, até então não legalmente comprometido com essa função. Em 1988, finalmente, a Constituição reconheceu a educação em creches e pré-escolas como um direito da criança e um dever do Estado. A partir dos anos 1990, procurou-se entender a criança como um ser histórico, cuja aprendizagem pode e deve se dar em ambientes especialmente construídos para essa função. Com a criação do Estatuto da Criança e do Adolescente (ECA), fortaleceu-se essa nova concepção de infância, garantindo em leis seus direitos como cidadã.

Desde a década de 1980, muitas leis, decretos e resoluções foram promulgados dando apoio e direitos à infância: Lei nº 7.853/89, Lei nº 8.069/90; Estatuto da Criança e do Adolescente (ECA); Lei nº 8.742; Lei Orgânica de Assistência Social (LOAS); Lei nº 9.394/96; Lei de Diretrizes e Bases da Educação Nacional (LDB); Decreto nº 3.298/99; Decreto nº 3.956/2001. Vale ressaltar que essa legislação não especifica apenas o segmento da Educação Infantil, mas os demais. As escolas de Educação Infantil no Brasil sofreram, no decorrer dos tempos, diversas mudanças em suas funções, passando pelas perspectivas do assistencialismo, da custódia e da privação cultural até a função educativa.

Capítulo IV

As contribuições de Maria Montessori em relação ao desenvolvimento infantil

São incontáveis as contribuições de Maria Montessori para a compreensão acerca do desenvolvimento infantil. Nascida em 31 de agosto de 1870, na cidade de Chiaravalle, província de Ancona, na Itália, foi ela a primeira médica italiana, em um momento histórico marcado pela quase totalidade de estudantes masculinos. No decorrer da Primeira Guerra Mundial, dedicou-se e destacou-se na área psiquiátrica, com crianças com deficiências físicas e cognitivas, visando ingressá-las no ambiente didático (Montessori *apud* Frazão, 2000). Defensora do direito das mulheres e da educação das crianças, principalmente daquelas com alguma necessidade especial, percebeu em seu percurso profissional que a sociedade e o Estado ofereciam apenas o tratamento médico, limitando os pequenos em outros avanços de ordem cognitiva e social. Seus estudos enveredaram também para a vertente da pedagogia, com significativas contribuições nesse sentido.

Em meados de 1902, Maria Montessori apresentou o resultado de estudos realizados em medicina e educação em um congresso pedagógico ocorrido em Nápoles. Na mesma época, já se destacava como diretora de uma instituição de pesquisa e renomada escola modelo para crianças com múltiplas deficiências (Instituto Ortofrênico de Roma). Obviamente, a repercussão de seu trabalho e de sua robusta pesquisa ultrapassou barreiras sociais e se consolidou como abordagem pioneira no desenvolvimento de crianças com deficiência para além do contexto médico com imersão efetiva no universo acadêmico. Nascia assim o Método Montessori, colocado em prática pela primeira vez em seu trabalho específico na "Casa dei Bambini" (Casa das Crianças). Nesse contexto, observou que crianças "deficientes" alcançaram resultados superiores aos de crianças "normais", porquanto elas se desenvolveram tanto de forma cognitiva como de forma mental e física.

Tamanha foi a representatividade de seu trabalho que, a partir de então, suas experiências foram apresentadas diante do Ministério da Educação italiano, reverberando em inúmeras reflexões que aproximaram e potencializaram as práticas educativas, não somente os que apresentavam alguma deficiência, mas também àqueles considerados típicos. Com isso, sua atuação na área pedagógica passou a fomentar estudos que embasassem uma formação docente diferenciada e voltada ao desenvolvimento infantil, compreendendo-o em sua essência. Em 1913, ministrou o 1º Curso de Formação para professores e, em 1915, fundou uma casa da criança com paredes de vidro, que poderia ser observada livremente, em todos os seus detalhes (Montessori, 2017).

Em 1929, é criada a Associação Montessori Internacional (AMI), com sede em Berlim, e, mais tarde, na Holanda, destinada ao treinamento e à capacitação de professores quanto ao método montessoriano. Lembremos que estamos tratando do momento histórico marcado pelas guerras mundiais, porém a relação de Montessori com o governo fascista de Mussolini (1883-1945) era amigável, o que não durou muito, já que os interesses políticos passaram a se tornar cada vez mais evidentes, dentro do contexto de guerra, subjugando os reais interesses da educação montessoriana. Maria Montessori passa a atuar também na Espanha, na Holanda, na Índia e em outros países, ministrando cursos acerca dos valores das crianças e das possibilidades de seu desenvolvimento psíquico e intelectual.

Capítulo IV – As contribuições de Maria Montessori em relação ao desenvolvimento infantil

Foi reconhecida pela UNESCO como Cidadã do Mundo, sendo indicada duas vezes ao Prêmio Nobel da Paz, reconhecimento por seus estudos, pesquisas e dedicação em prol da melhoria da qualidade de vida das crianças.

Os estudos de Maria Montessori reconhecem a infância como sendo um período fértil no qual as potencialidades se desenvolvem rapidamente. Para a pesquisadora, a livre-expressão e um ambiente adequado e motivador são fatores fundamentais para despertar a inteligência e as potencialidades das crianças, em diferentes áreas de conhecimento. Seus pressupostos apontam para o tripé atividade-individualidade-liberdade enquanto base de estímulos determinantes para o desenvolvimento infantil. Seu grande foco esteve também sempre atrelado às concepções de coletividade e de aprendizados que se concretizam pelas trocas estabelecidas entre os pares. Ela defende que a autonomia das crianças pequenas torna as aprendizagens mais estimulantes e significativas. O grande objetivo do método exposto por Montessori é educar para a vida, promovendo uma integração harmônica entre corpo, inteligência e vontade, pautada na liberdade e na ludicidade. Nesse contexto, Montessori abarca as seguintes fases do desenvolvimento infantil:

> • 0 aos 6 anos – Primeira etapa de desenvolvimento. Nesta etapa, as crianças absorvem o ambiente que as cerca e se adaptam a ele, compreendendo gradativamente as diferentes funcionalidades. Vale ressaltar que entre 0 e 3 anos esse processo de apropriação e compreensão do ambiente imediato ocorre de maneira inconsciente, e somente a partir dessa idade é que a criança passa a ter maior intencionalidade em suas ações, sendo isso um fator ligado à elaboração do pensamento infantil.

- 6 aos 13 anos – Segunda etapa do desenvolvimento. Esta fase é caracterizada pela estabilidade, já que não há mais tantas alterações na mente já consciente da criança que já compreende a funcionalidade de seu meio.

- 12 aos 18 anos – Terceira fase de desenvolvimento. Esta é a fase da puberdade, onde são notórias as transformações físicas e cognitivas. As influências do grupo social a que pertencem os jovens são bastante perceptíveis nesta etapa da vida.

Na contemporaneidade, a abordagem montessoriana permeia a prática de muitas escolas e, nesse contexto, considerando as inúmeras contribuições oriundas do início do século XX trazidas pela médica, educadora e pedagoga italiana. Dentre elas, destacamos o foco na aprendizagem ativa e na concepção de criança enquanto protagonista da construção de conhecimentos. Se assim ela é concebida, é mister que todo o ambiente, o mobiliário e os brinquedos sejam adequados e adaptados para que os pequenos, de fato, possam manipulá-los no cotidiano escolar, sendo constantemente encorajados ao desenvolvimento da autonomia.

Conforme já destacado, a educação que se apoia nos princípios montessorianos têm, em suas práticas de ensino, a criança como centro e os professores como guias que acompanham a aprendizagem sem tirar o protagonismo dos pequenos. Com base nos princípios da autoeducação, as crianças têm liberdade para fazer escolhas e apontar caminhos investigativos, conforme os interesses emergentes. Nesse contexto, há o estímulo de habilidades físicas, cognitivas, sociais e psicológicas.

Escolas infantis com enfoque montessoriano primam pela educação dos sentidos, antecedendo atividades intelectuais mais amplas e complexas. Para isso, utilizam materiais de largo alcance que permitam amplas experimentações de teorias e conceitos a partir do concreto.

Um outro diferencial da abordagem montessoriana é a interação de crianças com diferentes faixas etárias em uma mesma turma, preponderando assim uma troca de experiências mais abrangente.

Diante do exposto neste capítulo, inferimos que o desenvolvimento infantil foi amplamente promulgado por Montessori, totalmente embasado em pesquisas científicas que reverberam positivamente até nos dias de hoje, frente aos inúmeros desafios da educação voltada para a infância. O arcabouço teórico oriundo dos estudos montessorianos se fundamenta na premissa da valorização da individualidade e das trocas potentes de saberes para tornar o ensino engajador e de fato significativo.

Capítulo V

Jean-Ovide Decroly e os "Centros de Interesse" na Educação

As concepções decrolianas vêm em oposição ao ensino tradicionalista e busca uma escola mais ativa e centrada na necessidade e no interesse de quem aprende.

Decroly (1871-1932) nasceu na Bélgica, formou-se em medicina, com especialização em neurologia, e tornou-se um dos mais importantes protagonistas do movimento por uma nova educação.

Desde criança apresentou grande facilidade para a aprendizagem, mas era um estudante desafiador, argumentador e inquieto, não se acomodando ao modelo de educação passiva, opondo-se, assim, ao autoritarismo da educação vigente que não lhe permitia externalizar sua paixão pelo desenho, pela dança, pela música, pela livre-expressão e, principalmente, o de aprender pela liberdade e pela interação com a natureza.

Mais tarde, após a formação em Medicina, volta seus olhos para a educação e o ato de ensinar e aprender questionando o modelo educacional que apresentava métodos rígidos, associais e fora do interesse das crianças, questões que, a seu ver, fomentavam o fracasso escolar.

Decroly desponta no Brasil como um dos pioneiros do Movimento da Escola Nova, movimento que tem como princípio político e educativo a rejeição à escola tradicionalista centralizada na transmissão de conteúdos de maneira descontextualizada e fragmentada sem considerar no processo de ensino o aluno e sua participação na construção de sua aprendizagem (Borges *et al.*, 2018).

A Escola Nova surge mediante críticas ao modelo tradicionalista de educação com métodos rígidos, tendo o professor como centro do processo, currículos engessados, fragmentados e pouco interessantes. Já o novo modelo educacional fortalece e prioriza as questões psicobiológicas do aluno, tornando-o centro de todo o processo de aprendizagem e das ações educativas. Esse modelo traz a modernização e a organização do ensino, a formação dos docentes, a divulgação e a aplicação de novas teorias pedagógicas e novas possibilidades de ensinar e aprender.

Decroly percebia que o interesse das crianças estava na amplitude do mundo que as rodeava e não na forma fragmentada de conhecimento na qual a escola tradicional organizava o ensino. Por este motivo, defende uma escola em que a criança pratique o conhecimento por meio do questionamento, da busca de alternativas e da criação de novas regras e experimentações (Borges *et al.*, 2023). A escola também tinha como um dos seus primeiros objetivos a formação de cidadãos para a democracia, e isso só podia ser conseguido mediante o exercício de uma prática escolar democrática. Decroly afirmava que a escola deve educar para a vida, preparando homens e mulheres para integrar-se à sociedade comprometendo-se em construir uma sociedade melhor (Choprix; Fortuny, 2009).

A ideia central do método de Decroly é a dos "centros de interesse" como eixos estruturantes do currículo, que permitem a expressão da motivação espontânea do aluno e, ao mesmo tempo, abrem caminho para a aquisição de novos conhecimentos. Desenvolve a criança para a vida por meio de suas vivências, suas observações diárias do ambiente, dos fenômenos da natureza e das manifestações de todos os seres vivos e a coloca no centro de todo o processo educativo.

O processo de aprendizagem se desdobra em três fases:

1) Observação: atividades baseadas nas ciências naturais, na geometria e no cálculo. Os exercícios têm como finalidade colocar a criança em contato direto com as coisas, os seres, os eventos. Na observação é fundamental o trabalho dos sentidos, constitui-se a base de todo o método científico e, como tal, ajuda o aluno a desenvolver um conhecimento rigoroso e profundo. Com a observação, estrutura-se o pensamento racional.

2) Associação: possibilita a integração no espaço e no tempo dos conhecimentos adquiridos por meio da observação. Estabelecem relações lógicas e científicas entre objetos e suas qualidades. Fazem comparações, ordenações, deduções formando esquemas mentais. Compreende atividades relacionadas com história e geografia.

3) Expressão: atividades baseadas na gramática, em trabalhos manuais, na linguagem e na música.

A concepção decroliana de educação traz um constante questionamento da escola e do ensino sugerindo a mudança de metodologias tradicionalistas tanto na ação do professor como na fragmentação do currículo que em sua maior parte pedagógica apresenta-se desfocado da realidade cotidiana e do interesse da criança, de modo a privilegiar as percepções, observações e expressões. Afirma que é preciso educar para a autonomia, a participação e a construção coletiva do conhecimento de maneira a aplicar a aprendizagem nas vivências diárias (Borges *et al.*, 2018).

Na visão de Decroly, o professor é a chave-mestra para o método. Sua atuação pedagógica, de acordo com Borges *et al.* (2018), está em conceber uma práxis voltada para o interesse do aprendente na intenção de complementar ou adquirir os conhecimentos. É preciso que ele reformule seus conceitos de ensino, sua didática, mudando o foco educacional, adquirindo a postura de um orientador da aprendizagem e vendo o aluno no centro do processo educacional. Cabe ao professor conduzir situações problematizadoras que elevem a condição intelectual de seus alunos.

O método de Decroly é atemporal e aberto a novas propostas que o complementem. Ele inspirou diretamente muitas escolas, na América do Sul, na Flórida, na Espanha, na Bélgica. O movimento de emancipação escolar não parou: Dewey, Montessori, Decroly foram retransmitidos por Freinet, Illich e Freire.

Nesse processo histórico, conheçamos um pouco das ideias de Dewey e sua contribuição para o desenvolvimento da infância.

Capítulo VI

John Dewey – Princípios fundamentais para uma nova infância

John Dewey é conhecido como um dos precursores da Educação Nova, também conhecida como Educação Progressista. O filósofo discutiu uma concepção de educação que valoriza a interação da criança e as relações sociais com bases democráticas. Essa teorização, que atravessou o século XX, ainda representa inovação na educação, principalmente, aplicada à Educação Infantil. Viveu entre 1859 e 1952. Historicamente, sua trajetória foi marcada por um período de ascensão dos Estados Unidos, em virtude do processo de industrialização que crescia rapidamente, assim como também crescia o índice populacional de caráter capitalista e com fundamentos democráticos. Princípios liberais também eram notórios pelo estadunidense (Hobsbawm, 1977).

Ao considerarmos essa sociedade capitalista no auge da produção de consumo, observamos que o contexto educacional era norteado na perspectiva do "aprender fazendo" (*learning by doing*). Os mestres, portanto, conduziam os processos e estimulavam seus educandos a buscarem soluções de situações-problema nos cotidianos escolares e sociais, por meio de procedimentos científicos. Inserido nesse contexto, o filósofo Dewey concebe a educação como processo contínuo de aprendizagem e enaltece o lema "aprender fazendo", tema-base de sua teoria educacional. Para ele, a escola é o espaço mais apropriado para que as crianças realizem experiências educativas e vinculadas à integração com a sociedade.

> [...] aprender com a própria vida e tornar tais as condições da vida em que todos aprendam com o processo de viver, é o mais belo produto da eficiência escolar (Dewey, 1979, p. 55).

Dewey postula a ideia de que a infância é o período em que há potentes possibilidades de formação do homem que saiba, de fato, lidar com situações diversas do cotidiano, ser apto para participar coletivamente das decisões e valorizar sua capacidade individual (Dewey, 1979). A filiação filosófica de Dewey possibilitou sua compreensão de que uma mudança pedagógica necessária para o contexto social da época não se concretizaria apenas e tão somente por meios práticos, mas sim tendo a filosofia como ponto central que direciona os caminhos a seguir, em paralelo com os ideais de educação e mundo social. Isto posto, fica evidente o papel da educação para o fortalecimento de um novo sistema sustentado por uma filosofia que oriente e avalie princípios e propósitos. Para ele, a educação é social, uma efetiva participação e conquista de modo de agir comum, assim, a experiência, as vivências são fundamentais.

De acordo com a contribuição de Dewey (1959), a criança é compreendida como sujeito no processo de seu desenvolvimento, um indivíduo social. Para ele, a escola faz parte do universo social da criança e, assim, se faz necessário que esse espaço seja preparado para que a criança aja, pense e vivencie experiências robustas de aprendizagens múltiplas. Vale destacar que o entendimento de escola democrática e social postulada por Dewey prevê um ensino que compreenda aprendizagens oriundas das relações diretas com os meios social e cultural. É, portanto, claro que os fundamentos da concepção de educação de Dewey se voltam para o presente, para o processo de vida, e não para a mera preparação para o futuro. Nessa perspectiva, a ação educativa passa a ser vista como aliada à construção de experiências de vida que levam o indivíduo a se constituir democraticamente. É na escola que a criança vai confrontar experiências passadas com as novas ideias vivenciadas.

Na visão de Dewey (1959), o professor é um mediador que auxilia no desenvolvimento e organiza a estrutura do aprendizado, e o aluno é o protagonista desse processo. A base do processo de aprendizagem está alicerçada na construção social de crianças ativas e reflexivas. O pensar reflexivo prevê uma interação mútua das experiências vividas e não apenas um armazenamento de informações a serem meramente reproduzidas. Portanto, a concepção deweyana criticava a escola tradicional conteudista, e por essa razão sua abordagem foi considerada enquanto inovadora. Divergindo totalmente da abordagem de educação tradicional, reprodutora de saberes desvinculados das experiências reais, o significado dos conteúdos somente seria aferido quando organizados no âmbito da experiência das crianças.

Assim, inferimos que uma grande contribuição de John Dewey para a compreensão do desenvolvimento infantil, está no fato de considerar e valorizar as experiências individuais e as transações diretas com o meio circundante. Parece-nos evidente que sua abordagem considera a experiência enquanto algo dinâmico, que envolve acertos e retomadas constantes. Vale destacar que não falamos aqui de experiências meramente cotidianas, mas na perspectiva do processo científico do conhecimento. Pinazza (2007) aponta que as experiências se concretizam nas e pelas relações que as pessoas estabelecem com seus pares, com o meio e com os objetos e seus respectivos atributos, em um dinamismo de discriminações por meio de experimentações.

No entanto, Dewey também reconhecia que nem toda experiência podia ser considerada educativa. Nesse sentido, exemplificava como não educativas as vivências embasadas em insensibilidade, incapacidade de responder aos apelos da vida, limitantes de avanços futuros. Diante disso, com base nos princípios de Dewey e, de fato, comprometidas com o desenvolvimento da infância, a escola deve selecionar vivências que gerem interações e possibilidades ricas de avanço no conhecimento científico, para além da abordagem conteudista. Afinal, o pensar reflexivo é desenvolvido paulatinamente por meio do ato de investigar, explorar, examinar, comprovar, refutar, comparar, indagar, buscar novos caminhos e consolidar saberes repletos de sentidos e significados.

Por fim, de acordo com Dewey (1959), o espaço escolar que acolhe a infância, para que possa privilegiar a formação do pensamento reflexivo, deve criar condições que desafiem, despertem interesse e curiosidade, que criem conexões efetivas entre as experiências vividas, que permitam a sucessão de ideias e que promovam o desenvolvimento. Como essência do pensamento de Dewey, compreendemos que a educação para a infância deve ter como base filosófica a democracia e o pensamento reflexivo. Conceber a criança enquanto sujeito de construção social e cultural, que aprende pela mediação do adulto, valida de maneira imensurável as contribuições do filósofo em relação à educação das crianças.

Capítulo VII

Célestin Freinet – Um professor, uma pedagogia experimental

Freinet nasceu em 15 de outubro de 1896, em Gars, povoado na Região da Provence, sul da França, e faleceu em 1966. Criador de conceitos pedagógicos como as aulas-passeio (hoje, conhecidas como Estudo do Meio), os cantinhos de atividades e os jornais de classe, Freinet é um nome fundamental quando se fala da educação contemporânea.

Sua vida foi exemplo de luta pela transformação da escola que considerava desligada da vida, distante da família, teórica e dogmática. Propunha a edificação de uma escola prazerosa, onde a criança queira estar, permanecer, onde o coração, a afetividade e as emoções predominem, onde haja alegria e prazer para descobrir e aprender (Elias, 2004).

Com poucas palavras, a autora acima citada resumiu muito bem a proposta de Freinet, que propunha uma metodologia de cooperação e amizade totalmente diferente da utilizada na época em que a escola se baseava em manuais escolares e o professor era o centro do processo educativo.

Dedicou-se a uma Pedagogia Experimental, reinventando e inventando técnicas e atividades nunca trabalhadas, para edificação de um projeto próprio. Para Elias (2004), Freinet investiga a maneira de ser e pensar da criança para ajudá-la nas dificuldades, quando da estruturação dos próprios conhecimentos, assim como Rousseau o fizera em *Émile*. Comparando com Decroly, acentua a globalização da vida anímica, proporcionando ampla gama de atividades, que os alunos podiam escolher livre, individual ou coletivamente. Nelas, incluía toda a programação escolar, sem rompimento com o meio, com o interesse da criança ou com a vida.

A educação não é uma fórmula de escola, mas sim uma obra de vida. Célestin Freinet

A escola, na concepção de Freinet, deve ser ativa, dinâmica, aberta para o encontro com a vida, participante e integrada à família e à comunidade – contextualizada em termos culturais. A aquisição de conhecimentos deve se processar de maneira significativa e prazerosa, em harmonia com uma nova orientação pedagógica e social em que a disciplina é uma expressão natural (Elias, 2002).

Sua pedagogia, chamada Pedagogia do Bom Senso, parte da observação atenta da criança, da análise de seus interesses e necessidades, e da forma como ela constrói seu conhecimento. De acordo com Elias (2002), são seus princípios básicos:

1) Cooperação e trabalho em grupo: são a essência da proposta pedagógica de Freinet. Todas as atividades, as conferências, os textos livres, as correspondências interescolares, o jornal escolar, os planos de trabalho são desenvolvidos dentro de uma linha de cooperação, adquirindo, assim, um sentido novo. A criança não é vista como um indivíduo isolado, mas como parte de uma comunidade e aos poucos vai assumindo responsabilidades, cumprindo seus compromissos, tornando-se livre e autônoma. A pedagogia de Freinet circula entre o individual e o coletivo, procurando desenvolver, ao máximo, o senso cooperativo. É uma autogestão participativa, com amadurecimento pessoal e grupal, construído na ação:

Capítulo VII - Célestin Freinet - Um professor, uma pedagogia experimental

> [...] nenhuma técnica conseguirá prepará-lo melhor do que aquela que incita as crianças a se exprimirem pela palavra, pela escrita, pelo desenho e pela gravura. O jornal escolar contribuirá para a harmonização do meio, que permanece um fator decisivo na educação (Freinet, 2004, p. 29).

2) Educação pelo trabalho: o trabalho é o motor essencial, a técnica primordial da educação. É um trabalho concebido como uma atividade livre, definido a partir de um plano de atividades elaborado pela própria criança, no contexto de comunidade/ classe. Para Freinet, a escola pretendida e pensada é a escola do trabalho, perfeitamente integrada no processo geral da vida: a criança torna-se sujeito, e o professor, aquele que orienta, estimula e facilita a aprendizagem. O trabalho permite aos homens se estruturar e educar ao mesmo tempo que transformam a natureza.

3) Expressão livre: é o centro da obra pedagógica de Freinet. Por meio das múltiplas formas de manifestação (oral, escrita, artística, musical, expressiva), define uma nova postura que transforma a escola em um espaço aberto aos processos de vida, de trabalho e de aprendizagem da democracia por intermédio da participação cooperativa. Por meio do texto livre, do canto, da dança, do teatro, a criança se revela, cria, inventa, exprime suas vivências, sua vida afetiva, seus sentimentos, seus conhecimentos anteriores, caracterizando-a como um ser único e rico.

4) Tateamento experimental: Freinet parte do princípio de que toda aprendizagem natural está subordinada ao tateamento experimental. Isso inclui: trabalho de pesquisa reflexiva sobre os mais diversos materiais físicos ou mentais, aptidão para observar, manipular, relacionar, criar hipóteses, verificá-las, aplicar leis e códigos, compreender informações cada vez mais complexas. Diz ele que é caminhando que a criança aprende a caminhar, é escrevendo que ela aprende a escrever, é expres-

sando-se que ela aprende a dominar a linguagem, a conhecer--se e a conhecer os outros. Por meio dos tateios, a criança realiza uma trajetória científica, criando regras de vida baseadas na experiência e na vida, segundo seu próprio ritmo: "A escola nunca é uma parada. É a estrada aberta para os horizontes que se devem conquistar" (Freinet, 2004, p. 47).

5) Afetividade: é o elo entre as pessoas e o objeto do conhecimento. A escola e o professor trabalham as relações no grupo e a responsabilidade de cada um, tendo como meta o crescimento pessoal/social da classe. As crianças são respeitadas nas suas escolhas e recusas, sempre analisando o motivo de tal decisão. Na escola é criado um clima de confiança, diálogo, respeito, tolerância, zelo, liberdade, compromisso e responsabilidade.

6) Documentação e registro: é o registro da história que se constrói diariamente. Os alunos documentam suas experiências, reflexões e aprendizados. Isso cria um histórico relevante e permite a análise do processo de aprendizagem.

Segundo Elias (2004), Freinet afirmava que o professor deve ser sensível para acompanhar a construção do conhecimento pela criança. Sua postura deve ser daquele que possui conhecimentos, mas sabe que são relativos. Estará sempre atento aos alunos, acompanhando suas aquisições naturais, participando da organização da classe, sendo parceiro e orientador do aluno nas investigações. Seu compromisso é impulsionar a criança a se expressar, a decidir, a realizar, a pesquisar, a interagir, a avançar o máximo possível na construção de seu saber e a construir-se como indivíduo e cidadão autônomo, responsável e capaz de cooperar com seus semelhantes.

Para Freinet, a educação é ação e intervenção. Abordar a educação e a formação do educador segundo seus princípios é não separar a ação pedagógica da vida. A sala de aula perde a configuração de auditório e adquire as características de uma oficina de trabalho, um local de produção decidida e realizada cooperativamente pelas crianças e assessoria técnica do professor (Elias, 2002).

Concluindo, o método Freinet valoriza a participação ativa dos alunos, a construção coletiva do conhecimento e a conexão com a vida real, criando um ambiente de aprendizagem mais significativo e envolvente.

Capítulo VIII

O desenvolvimento cognitivo das crianças sob a ótica de Piaget

A concepção de infância é certamente constituída em uma perspectiva histórica e cultural, considerando o ideário de épocas distintas que proferem discursos acerca da infância, atrelados aos contextos sociais de cada período, aos seus interesses culturais, políticos e econômicos.

Como visto nos capítulos anteriores, paulatinamente e a passos lentos, a infância passou a ser objeto de estudo de diferentes áreas do conhecimento, que foram aprofundando e ampliando os conhecimentos sobre ela, conferindo-lhe, dessa forma, cientificidade. Nesse contexto, as evoluções cognitivas e afetivas da criança, bem como o seu desenvolvimento global, passaram a ser foco de investigação para estudiosos como Sigmund Freud, Dewey, Piaget, Vygotsky, Wallon, entre muitos outros. A título de melhor compreendermos o desenvolvimento das crianças, traremos a seguir as abordagens explicitadas por alguns desses estudiosos, iniciando por Jean Piaget (1896-1980), psicólogo e biólogo, cuja pesquisa tanto contribuiu para o entendimento do desenvolvimento infantil e da aprendizagem das crianças.

A linha de pensamento de Piaget busca entender como a criança constrói conhecimentos para realizar as atividades de maneira apropriada aos níveis de seu desenvolvimento. Por isso ele estruturou seu modelo de desenvolvimento caracterizado por um processo de sucessivas equilibrações. Seus estudos ressaltam que o desenvolvimento psíquico inicia quando nascemos e segue até a maturidade, sendo comparável ao crescimento orgânico; como este, orienta-se, essencialmente, para o equilíbrio (Piaget, 1974).

Sua teoria se enquadra no paradigma evolucionista, que considera aspectos do desenvolvimento atrelados aos fatores biológicos e ao tempo cronológico. Para Piaget, o desenvolvimento infantil acontece em etapas, períodos ou fases, e marca o processo de maturação da criança. Sua ótica aponta para a gênese das estruturas cognitivas. Sua teoria considera questões epistemológicas, que buscam compreender como cada sujeito, desde os primeiros anos de vida, constrói conhecimento, passando de um conhecimento menos elaborado para um mais estruturado, fomentando pensamentos lógico-dedutivos (Piaget, 1974).

Piaget aponta para o conhecimento como sendo o resultado das inter-relações entre sujeitos e objetos. Assim, para ele, assimila-se o novo a partir dos esquemas de ação (ou de assimilação) e, simultaneamente, ampliam-se e modificam-se esquemas, acomodando-os ao novo. A construção do conhecimento é um potente processo ativo de articulação entre assimilações e acomodações, que geram adaptações e equilíbrios (Piaget, 1976). Vejamos a seguir os quatro estágios do desenvolvimento infantil, segundo Piaget.

- **Estágio sensório-motor (0 a 2 anos)**

Os reflexos e os movimentos próprios são constantemente testados para que a percepção do próprio corpo e dos objetos com os quais os bebês convivem se constitua, lembrando que o entendimento e a ampliação do conhecimento do mundo se dão por experimentação e interação com o mundo ao seu entorno. Nessa fase, a criança aprende explorando e administrando seus reflexos, movimentos e sensações. Assim, jogar coisas no chão e colocar constantemente as coisas na boca caracterizam essa etapa do desenvolvimento infantil.

Capítulo VIII - O desenvolvimento cognitivo das crianças sob a ótica de Piaget

- **Estágio pré-operatório ou simbólico (2 a 7 anos)**

Nesta fase, a criança começa a dominar a linguagem e os símbolos utilizados em seu contexto social mais próximo. Com isso, inicia também o processo de imitação, representação, imaginação e classificação. Ao ouvir a palavra bola, por exemplo, pode imaginá-la sem que necessariamente precise vê-la.

Sua característica mais latente é o egocentrismo, e ainda é inábil para se colocar no lugar do outro. Realidade e fantasia ocupam um lugar muito próximo, do ponto de vista da compreensão do mundo. O jogo simbólico é também muito forte nessa fase e, é por meio dele, que as crianças concebem o contexto social do ambiente onde estão inseridas.

- **Estágio operatório-concreto (7 a 11/12 anos)**

O egocentrismo é menos exacerbado, e sua capacidade de colocar-se no lugar do outro é consideravelmente ampliada. O raciocínio para a solução de problemas reais ganha expansão, consegue estabelecer relações e agrupar objetos ou símbolos por semelhança ou diferença e constitui novos aprendizados a partir da observação das coisas e pela tentativa e erro. Da mesma forma, o raciocínio lógico passa a ter maior fluidez e complexidade.

- **Estágio operatório-formal (a partir de 12 anos)**

A capacidade cognitiva é mais próxima da dos adultos, e o pensamento lógico passa a ser mais abstrato.

Olhar para as fases do desenvolvimento infantil, sob a ótica de Piaget, é de grande valia para que estímulos das mais diferentes ordens, possam ser feitos a fim de promover avanços de ordem social e cognitiva.

Vale ressaltar que Piaget vê o desenvolvimento infantil se efetivar em uma ordem fixa, sucessiva e hierárquica, na qual as estruturas cognitivas vão sendo construídas em um processo progressivo de estágios anteriores para estágios posteriores. Suas pesquisas indicam que é pelo acréscimo e pela integração de estruturas, necessárias e inéditas, que a inteligência se constitui.

A teoria de Piaget, ainda hoje, embasa a organização dos conteúdos e propostas pedagógicas das escolas brasileiras, específicas para cada faixa etária escolar, que se apoiam nela para melhor compreender o desenvolvimento infantil. A abordagem piagetiana ancora a ideia de que não há gênese sem estrutura nem estrutura sem gênese e, com isso, tem sido apropriada pela escola por atender a sua organização ainda seriada.

No que tange aos aspectos ligados à afetividade, Piaget considera que ela pode provocar acelerações ou retrocessos no desenvolvimento das estruturas de inteligências, a depender de sua qualidade e intensidade, porém não pode produzir ou modificar suas estruturas (Piaget, 2001). É importante compreender, mesmo que em linhas gerais, como se dá a manifestação da afetividade na infância, que, para o autor, passa por cinco estágios distintos (Piaget, 2005):

1) Mecanismos hereditários que moldam tendências instintivas, como medos e trejeitos corporais.

2) Afetos perceptivos, ligados a reações corporais diante de percepções do entorno, como sensibilidade diante de diferentes temperaturas, como quente e frio.

3) Afetos intencionais, atrelados aos sentimentos de prazer, desprazer, cansaço, entre outros.

4) Afetos intuitivos, que moldam a empatia, a antipatia, a obediência etc.

5) Afetos normativos, ligados ao senso moral e ao sentimento de justiça.

Em suas inúmeras e valiosas obras, Piaget destaca claramente que a criança possui um arcabouço cognitivo, afetivo e moral específico de cada fase de seu desenvolvimento e não pode, em hipótese alguma, ser considerada meramente como um adulto em miniatura. Ao contrário, para chegar à vida adulta, precisa passar pelos processos de maturação, experiências no e com o meio social, e autorregulação. Os apontamentos piagetianos nos levam a inferir que a diferença entre a inteligência da criança e a do adulto não é quantitativa, mas qualitativa (Piaget, 2005).

Piaget observa a aprendizagem infantil não apenas com o intuito de diferenciá-la do desenvolvimento, mas para obter uma resposta de ordem epistemológica que se refere à natureza da inteligência que constrói o conhecimento. Ele aborda o sujeito epistêmico, e o objeto do conhecimento refere-se ao meio genérico que engloba tanto os aspectos físicos como os sociais (Palagana, 2001).

Os estudos realizados por Piaget em muito contribuíram, e ainda contribuem, para que compreendamos a infância, não e tão somente para conhecê-la melhor e aperfeiçoar os métodos pedagógicos ou educativos, mas, principalmente, para que possamos ampliar nossa compreensão acerca da formação dos mecanismos mentais que estruturam o processo de aquisição de conhecimentos.

Diante das inúmeras obras deixadas por Piaget, inferimos que o principal objetivo da educação é criar indivíduos que sejam capazes de fazer coisas novas e não simplesmente repetir aquilo que outras gerações já fizeram. Ao atrelarmos essa premissa aos contextos da infância contemporânea, parece-nos evidente a importância da criação de contextos de propostas que permitam investigações potentes, o protagonismo infantil e as mediações que favoreçam processos de construção de conhecimentos que não minimizem a capacidade das crianças.

Capítulo IX

Concepção de infância sob a ótica de Vygotsky

Assim como a abordagem piagetiana impacta os estudos científicos acerca do desenvolvimento infantil, as premissas dos estudos de Vygotsky apontam para importantes reflexões nesse sentido. A teoria sócio-histórica de Vygotsky contribui para a investigação a respeito do processo de desenvolvimento e aprendizado.

Nascido na extinta União Soviética, em Orsha, no ano de 1886, Lev Semyonovitch Vygotsky teve seu percurso acadêmico marcado pela interdisciplinaridade, tendo estudado Direito, Filosofia, Literatura, Filosofia, História e Medicina. Sempre interessado em pesquisar sobre o desenvolvimento psicológico do ser humano, dedicou-se também à Psicologia com ênfase nos estudos acerca do desenvolvimento infantil. Isto posto, é fundamental que nossa obra perpasse, mesmo que de maneira breve, pelo enfoque vygotskyano.

Para ele, as aprendizagens se concretizam nas e pelas relações do indivíduo entre os pares e com o meio onde está inserido. Nesse contexto, a criança se desenvolve gradativamente nas diferentes linguagens, que impulsionarão avanços no desenvolvimento do pensamento, da percepção, da atenção e da memória. O princípio norteador de sua abordagem é, portanto, a dimensão cultural e histórica do psiquismo.

Para Vygotsky, as funções mentais superiores são formadas por intermédio de um processo de internalização que é mediado pela cultura. Tal processo se inicia logo no nascimento, quando a criança já entra em contato com o contexto social, culturalmente estruturado. Em contato com os produtos humanos e culturais (instrumentos e signos), a criança se relaciona com o mundo, compreendendo-o, adaptando-se a ele e transformando-o por meio da expansão de suas formas de agir. Seus estudos apontam que é por intermédio dos instrumentos que os seres humanos mediam sua relação com o mundo. Ao mesmo tempo, é por intermédio dos signos (instrumentos de ordem psicológica) que os indivíduos têm suas funções mentais superiores modificadas.

Pensando no acima exposto, podemos inferir que a linguagem é um sistema de signos de suma importância para o desenvolvimento humano, pois, por meio dela, e de maneira gradativa, os indivíduos se apropriam dos objetos a sua volta, e de suas respectivas significações socialmente construídas. De acordo com a teoria histórico-cultural do psiquismo, também conhecida como abordagem sociointeracionista, elaborada por Vygotsky, a criança se organiza por intermédio do raciocínio prático, mas, com a aquisição da linguagem, padrões comportamentais sociais se estruturam por meio de processos psíquicos do pensamento, da memória, da percepção e da atenção. A fala tem um papel essencial na organização das funções psicológicas superiores:

> Desde os primeiros dias do desenvolvimento da criança, suas atividades adquirem um significado próprio num sistema de comportamento social e, sendo dirigidas a objetivos definidos, são refratadas através do prisma do ambiente da criança. O caminho do objeto até a criança e desta até o objeto passa através de outra pessoa. Essa estrutura humana complexa é o produto de um processo de desenvolvimento profundamente enraizado nas ligações entre história individual e história social (Vygotsky, 1989, p. 33).

Capítulo IX – Concepção de infância sob a ótica de Vygotsky

Para elucidar a valiosa contribuição de Vygotsky no que tange à compreensão do universo do desenvolvimento infantil, vale ressaltar três questões fundamentais de sua abordagem:

- Compreender a relação entre os indivíduos e o seu ambiente físico e social;
- Identificar as formas de atividades que fizeram com que o trabalho fosse o meio fundamental de relacionamento entre o homem e a natureza;
- Analisar a natureza das relações entre o uso de instrumentos e o uso da linguagem.

A partir delas, entendemos que as vivências ou processos sociais são internalizados pelos sujeitos, por meio de funções mentais superiores, ou seja, processos tipicamente humanos como: memória, atenção e lembrança voluntária, memorização ativa, imaginação, representação simbólica das ações propositadas, capacidade de planejar, estabelecer relações, ação intencional, elaboração conceitual, desenvolvimento da vontade, uso da linguagem, raciocínio dedutivo, pensamento abstrato. São atividades psicológicas superiores pelo fato de se diferenciarem de mecanismos mais elementares, de origem biológica, presentes no ser humano e nos animais, dentre as quais podemos citar as ações reflexas, as reações automatizadas ou processos de associações simples.

Para o pensador russo, a infância é o período em que a atividade prática das crianças é associada à utilização da linguagem, constituindo além de modificações no comportamento, mudanças intelectuais. Assim, o homem transforma-se de biológico em sócio-histórico em um processo em que a cultura é parte essencial da constituição da natureza humana. O desenvolvimento e o funcionamento das funções psicológicas superiores estão certamente ligados aos modos culturalmente construídos, nos quais instrumentos e símbolos definem inúmeras possibilidades de funcionamento cerebral que serão efetivamente concretizadas ao longo do desenvolvimento do indivíduo e mobilizadas na realização de diferentes tarefas.

É por meio da mediação (processo de intervenção de um elemento intermediário em uma relação, que deixa de ser direta e passa a ser mediada por esse elemento – instrumentos e signos) que a criança vai paulatinamente desenvolvendo as funções psicológicas superiores.

Ao postular que os processos de constituição do psiquismo humano estão imbricados nos processos de desenvolvimento e aprendizagem, Vygotsky apresentou um novo conceito: o conceito de zona de desenvolvimento proximal – a distância entre o nível de desenvolvimento real, que se costuma determinar por meio da solução, independente de problemas, e o nível de desenvolvimento potencial, determinado pela solução de problemas sob a orientação de um adulto ou em colaboração com companheiros mais capazes (Vygotsky, 1999). A ZDP (zona de desenvolvimento proximal) define aquelas funções que ainda não amadureceram, mas que estão em processo de maturação, funções que amadurecerão, mas que estão presentemente em estado embrionário, o que nos leva a inferir que aquilo que é zona de desenvolvimento proximal hoje será nível de desenvolvimento real amanhã.

Vygotsky afirma que as características tipicamente humanas do pensamento resultam da interação dialética do homem com seu meio sociocultural. Nesse sentido, não podemos deixar de citar a importância do contexto escolar como aliado do desenvolvimento humano, pois a cultura desempenha um papel fundamental no desenvolvimento mental do homem, já que sua característica psicológica se dá por meio da internalização dos modos historicamente produzidos e culturalmente organizados de operar com as informações. Porém, Vygotsky (1987) afirma que o processo de aprendizagem na criança inicia muito antes de ela ingressar na escola. Ao nascer, ela já está inserida em uma família, que possui uma cultura, que está dentro de uma sociedade e uma classe social, portanto, o seu processo de humanização inicia assim que ela nasce.

Em relação ao papel da escola no processo de desenvolvimento humano, Vygotsky apresenta uma distinção entre os conhecimentos construídos na experiência individual e cotidiana das crianças – conceitos espontâneos – e aqueles conceitos constituídos no âmbito escolar, adquiridos por meio do ensino sistemático e mediado por um adulto professor ou pelos pares mais experientes.

Em sua teoria, Vygotsky não evidencia um modelo simples e linear de transmissão da experiência cultural do adulto para a criança. Ao contrário, o pensamento surge como diálogo consigo mesmo, e o raciocínio, como uma argumentação metacognitiva. Nesse contexto, a criança deve participar ativamente da interação, internalizando e transformando processos.

Segundo Vygotsky (1991), todo aprendizado desperta vários processos internos de desenvolvimento que são ativados pelas interações que as crianças estabelecem com diferentes pessoas que convivem com ela em seus ambientes sociais. Uma vez internalizados tais processos, tornam-se parte das aquisições do desenvolvimento independente da criança, tornando-a cada vez mais capaz de agir de maneira autônoma, dentro do contexto social.

O desenvolvimento infantil varia de acordo com cada indivíduo. Desta forma, é possível inferir que o ambiente escolar precisa estar atento aos diferentes níveis de desenvolvimento dos educandos, pois, certamente, haverá disparidades nos níveis de aprendizado.

Capítulo X

Concepção de Infância sob a ótica de Wallon

Ainda buscando compreender as diferentes vertentes e concepções acerca do desenvolvimento infantil, é imprescindível que compreendamos a teoria psicogenética apresentada por Henri Wallon, considerado o pensador da afetividade. Nascido na França, em 1879, formado em Medicina, também filósofo e psicólogo, construiu sua teoria na psicogênese, fundamentando-a na corrente epistemológica materialista histórica e dialética. Em sua experiência profissional, trabalhou por bastante tempo em instituições psiquiátricas, no atendimento direto com crianças com distúrbios de comportamento e deficiências neurológicas.

Seus estudos sobre o desenvolvimento humano tiveram por base o resgate das questões de ordem emocional e da afetividade, constituídas nas relações que os sujeitos estabelecem entre si e como meio social onde estão efetivamente inseridos. O pensador nos apresenta a ideia do desenvolvimento humano constituído por meio do encontro entre a natureza orgânica e o meio social. Nesta perspectiva, Galvão (2007) cita que Wallon alicerça sua abordagem no materialismo dialético como método de análise e fundamento epistemológico de sua teoria psicológica. Assim, os fenômenos são compreendidos a partir dos vários conjuntos dos quais o indivíduo participa e admitem a contradição como algo constitutivo do sujeito e do objeto. Com base nos pressupostos da abordagem de Wallon, inferimos que o homem, enquanto ser organicamente social, está em permanente transformação por meio da interação com o meio onde está inserido, em uma relação dialética em que o meio sociocultural transforma o ser e é, ao mesmo tempo, transformado por este.

No que tange ao desenvolvimento das crianças, Wallon enfatiza a perspectiva interacionista ancorada pela afetividade, como aspecto central do desenvolvimento humano (Wallon, 1995). Ao falarmos sobre a afetividade, vale ressaltar que a consideramos como a capacidade do ser humano de se afetar por algo, positiva ou negativamente. Nesses termos, considerar as emoções no desenvolvimento humano implica também considerá-las no processo de ensino-aprendizagem, necessitando, para isso, de uma inter-relação entre o ato pedagógico e o conhecimento da criança em seu sentido amplo: afetivo, cognitivo e motor. O vínculo na relação professor-aluno deverá, portanto, ser fundamentado na ideia do acolhimento e em afetos que extrapolem a ordem emocional e avancem para a dimensão das aprendizagens, imbricadas na constituição dos indivíduos. Nesse sentido, a emoção antecede as condutas cognitivas, para que exista a construção da razão, destino final do homem.

Mahoney e Almeida (2005) nos apontam que a escola tem um papel fundamental na primeira infância, se estruturada em vínculos afetivos que permeiem a adaptação da criança ao meio físico e social, lembrando que crianças educadas com afetividade são mais seguras e autônomas, o que certamente refletirá em seu comportamento quando adultas. A ótica de Wallon sobre a importância da afetividade no desenvolvimento da criança, alicerçada nas mediações com o meio, fomenta a ideia de aprendizagens potentes que provocam o desenvolvimento emocional e cognitivo das crianças. Portanto, é preciso cuidar e educar usando a afetividade como base deste processo de ensino-aprendizagem.

Ao considerarmos a ótica de Wallon acerca do desenvolvimento cognitivo da criança, julgamos ser importante citar as categorias de afetividades cognitivas específicas, conceituadas por ele como "campos funcionais": movimento (ato motor ou motricidade), afetividade, inteligência e pessoa (formação do eu). Em sua abordagem, Wallon trabalha com a ideia de integração de tais campos, não os segregando em funcionalidades específicas e, ao contrário, em uma vertente holística, considera a totalidade das funções. Vamos compreender melhor os campos funcionais.

Primeiramente, vamos esboçar sobre o movimento, o qual é um dos primeiros a se desenvolver e a servir como base aos demais campos funcionais. Para Wallon (1975), o movimento é a tradução da vida psíquica, antes do surgimento da palavra. Intimamente atrelado às emoções que mobilizam afetos de todas as ordens, o movimento propicia às crianças incontáveis aprendizados que paulatinamente constituirão a formação do "eu" de cada um, contribuindo para o desenvolvimento do senso de singularidade, diante do mundo que as cerca.

Também importante é o campo funcional da afetividade, considerada por Wallon como a mais primitiva do processo de desenvolvimento, antecedendo inclusive os aspectos de ordem cognitiva. Este campo envolve o estado de bem ou mal-estar diante das diferentes situações cotidianas que afetam os sujeitos de forma direta ou indireta. De acordo com os pressupostos da abordagem de Wallon, a afetividade está intrinsecamente ligada ao domínio das emoções, às manifestações de dimensões psicológicas e biológicas.

Ao considerarmos a inter-relação entre os campos funcionais no desenvolvimento humano, como explicar a ligação entre movimento e emoção? Aos olhos de Wallon, a emoção imprime sua resposta na musculatura e afeta diretamente os batimentos cardíacos. São, portanto, indissociáveis.

O terceiro campo funcional da teoria psicogenética de Wallon é a inteligência, cujo surgimento está, para ele, vinculado tanto a fatores biológicos (ligados às emoções), como a sociais (ligados à relação imediata do indivíduo com o meio social). Vale aqui ressaltar que a criança, em sua relação com o meio, desenvolve mutuamente o sistema de símbolos e a linguagem, que indiscutivelmente contribuem para a ampliação de seu poder de abstração.

O quarto campo funcional corresponde à "formação do eu", e se constitui em conjunto com os demais campos, anteriormente descritos.

Isso posto, voltamos à reflexão acerca da contribuição de Wallon para que compreendamos as peculiaridades da infância. Ele galgou o estudo da criança a partir de uma perspectiva holística, no conhecimento dela enquanto ser completo, rompendo dessa maneira com a visão do dualismo cartesiano. A princípio, as atividades cognitivas dos bebês não são claramente distintas e confundem-se com o meio em que estão inseridas, em um movimento simbiótico. É por volta do primeiro ano de vida que a construção da personalidade ocorre, nas e pelas relações que se estabelecem entre eles, os outros e o ambiente.

Julgamos ser importante elucidar que, para Wallon, a partir de sua concepção dialética, os conflitos, os retrocessos, as rupturas, em consequência das modificações ambientais, constituem um processo contínuo e não linear de estágios. São eles:

- **Impulsivo emocional**

No período de vida que abrange a fase de recém-nascido aos 3 meses, a impulsividade motriz prepondera, e as reações – como espasmos, contrações e vocalizações – são puramente fisiológicas. Já dos 3 aos 9 meses, há preponderância das expressões emocionais como modo dominante das relações criança-ambiente. Sorrisos e mímicas aparecem de forma mais evidente. Dos 9 aos 12 meses, há o início de sistematização dos exercícios sensório-motores.

• Sensório-motor e projetivo

Na fase entre 12 a 18 meses surge o comportamento de orientação e investigação, e a exploração do espaço circundante se torna bastante aflorada, sendo ampliada posteriormente pelas tentativas de locomoção, ampliada mais tarde pela locomoção. Entre 2 a 3 anos, a atividade simbólica se evidencia por meio da imitação, e a inteligência representativa discursiva começa a se tornar visível.

• Personalismo

Para Wallon, por volta dos 3 anos, a constituição do "eu" ganha maior robustez, e a independência galga patamares significativos. Dos 4 aos 6 anos, evidenciam-se comportamentos de representação de papéis, imitação de personagens e poder de sedução dos outros em prol de suas próprias vontades.

• Pensamento categorial

Neste estágio, que abarca a idade entre 6 a 11 anos, Wallon destaca o desmame afetivo, a idade escolar, o poder de autodisciplina mental (atenção), a brusca regressão do sincretismo, a constituição da rede de categorias, dominadas por conteúdos concretos e o desenvolvimento do conhecimento operativo racional.

• Puberdade – adolescência

Evidencia-se nesta fase a tomada de consciência de si mesmo no tempo (inquietudes metafísicas, orientação de acordo com metas definidas).

Para explicar o desenvolvimento da pessoa, Wallon (1995) aponta que os aspectos afetivos e cognitivos se alternam e se entrelaçam nos diferentes estágios do processo. Há também a crença de que no decurso do desenvolvimento humano ocorra a predominância de um dos conjuntos funcionais (cognição, ato motor, afetividade). Os preceitos destacados por Wallon nos levam a inferir que, durante a sucessão dos estágios de desenvolvimento do homem, são agregadas novas aquisições que se integram às conquistas passadas. O surgimento de uma nova etapa do desenvolvimento implica a incorporação dinâmica das condições anteriores, ampliando-as e dando-lhes sentidos e significados distintos.

Ao pensarmos na história da infância, são inegáveis as contribuições de Wallon nesse sentido. Sua teoria acerca das emoções, da motricidade, da cognitividade e da formação da personalidade, é evidentemente relevante para a compreensão sobre o desenvolvimento humano e principalmente para concebermos a criança enquanto ser completo e integral. Certamente, foi ele o propulsor em considerar que as emoções infantis exercem uma função importantíssima no desenvolvimento dos sujeitos. Com o mesmo grau de importância sua teoria contribuiu para a compreensão do aspecto orgânico, para além dos fatores cognitivos, e o papel do outro na formação da pessoa.

Capítulo XI

As contribuições de Emmi Pikler para a compreensão do desenvolvimento infantil

Traremos agora as valiosas contribuições de Emmi Pikler em relação ao universo infantil, enfatizando seu princípio básico estruturado na maneira sensível e ética em relação aos cuidados com as crianças pequenas, em especial as de 0 a 3 anos. Nascida em 1902, a pediatra, autora e conferencista húngara, ficou amplamente conhecida por sua abordagem revolucionária no que tange ao cuidado com os bebês e as crianças pequenas.

Sua abordagem tem por foco o desenvolvimento psicomotor da criança, a partir de seu movimento livre, pois, para ela, os bebês são sujeitos competentes e necessitam vivenciar suas conquistas motoras de acordo com seu próprio tempo e ritmo.

O conhecido Instituto Lóczy, localizado em Budapeste, foi fundado por Pikler em 1946, logo após a Segunda Guerra Mundial. Diante da situação caótica do período pós-guerra, com um grande número de crianças órfãs, o orfanato comandado por ela até 1979 se alicerçou na perspectiva dos bebês enquanto sujeitos ativos e capazes. Todo o trabalho ali desenvolvido serviu como robusta fonte de pesquisa para a constituição da abordagem Pikler. Nesse espaço, as crianças são cuidadas em ambientes coletivos e repletos de possibilidades interativas com os pares e com o meio. Nesse contexto, os adultos responsáveis cuidam das crianças, dando-lhes liberdade para vivenciar suas experiências motoras e sensoriais em um ambiente seguro e pensado para o desenvolvimento da autonomia. Estar atento é fundamental, porém o adulto não deve interferir ou invadir o espaço e o tempo dos bebês.

De acordo com as contribuições de Davi e Appel (2010), são princípios fundamentais da abordagem Pikler, aplicados no Instituto Lóczy:

> 1) O valor da atividade autônoma, desempenhada pela criança, seja ela qual for.
> 2) A importância de uma relação permeada por afetos de qualidade entre adultos e crianças. A afetividade alicerçada no vínculo entre o cuidador e os bebês no decorrer da rotina e dos cuidados cotidianos é fundamental para o estabelecimento da confiança, sentimento este que a criança paulatinamente passa a expandir para outras áreas e relações.
> 3) A necessidade de propiciar ao bebê vivências onde possa conhecer a si próprio e ao seu entorno.
> 4) O foco no desenvolvimento saudável da criança, em todos os aspectos.

Embasados nos estudos e nas experiências de Emmi Pikler com as crianças de 0 a 3 anos, Kálló e Balog (2013) identificam algumas características relacionadas ao movimento livre referendado na abordagem Pikleriana, a saber:

> • Nos primeiros meses de vida, a criança interage ludicamente com a pessoa cuidadora, observa primeiramente movendo a cabeça e os olhos, e fazendo movimentos com as mãos. Explora as expressões fisionômicas do adulto, assim como suas características (cabelo, barba). Os acessórios

como óculos, brincos, entre outros, também lhe chamam muita atenção.

• Entre 2 e 6 meses os bebês estabelecem movimentos de contato com os objetos e percebem as sensações que eles provocam, manipulando um de cada vez. Nesse contexto, empurram, movem, pegam, sentem, levam ao rosto, passam de uma mão para a outra. É então importante disponibilizar objetos que possam pegar parcial ou totalmente com a mão. Bolas, tecidos coloridos, elementos da natureza são bons exemplos de objetos manipulativos.

• Aos 6 meses, manipulam objetos para verem os efeitos e as propriedades físicas sobre eles. São então bem-vindos objetos domésticos, de diferentes texturas, que provoquem sonoridade, que se encaixem uns nos outros.

• A partir de 1 ano, a criança passa a manipular mais de um objeto de uma vez, aprimorando sua habilidade de empilhar, encaixar e agrupar. Além dos objetos funcionais, citados anteriormente, costuma-se inserir bolsas de tecido, cestos, caixas, tigelas, entre outros.

• A partir de 2 anos, as crianças costumam escolher objetos que utilizarão para fazerem construções ou para o brincar simbólico.

Vale ainda ressaltar que a abordagem Pikler, além de considerar os bebês enquanto sujeitos potentes e ativos, aponta para a importância dos encontros com os adultos de sua referência, considerando que se constituem psiquicamente pelo próprio corpo e pelas relações que estabelecem com esses adultos cuidadores. Assim, os momentos de cuidado corporal – trocas de fraldas, banho e alimentação – são de suma importância para a constituição do psiquismo da criança. Tais momentos fortalecem a segurança da criança, para que mais tarde possa agir autonomamente.

Nesse sentido, os princípios da abordagem Pikler enfatizam o conhecimento de cada fase do desenvolvimento infantil e a importância de saber observar a criança. Para tanto, os adultos de referência não trabalham isoladamente e fazem uso de recursos de registros audiovisuais para retomada das práticas e avaliação de situações específicas do cotidiano, com o objetivo de aperfeiçoar os processos nos quais o brincar livre seja de fato favorecido. Diante dessa premissa, podemos considerar a abordagem Pikler não como um método, mas como uma concepção ética em relação ao cuidado com os bebês, transmitindo-lhes o sentimento de competência, ao respeitar o ritmo individual de cada um, em um ambiente seguro, mas que não limite seus desafios motores, sua curiosidade e o prazer de agir.

De acordo com os princípios de Pikler, o desenvolvimento da prudência diante das situações que fazem parte do contexto cotidiano e da autoconfiança são desenvolvidos de maneira eficaz, somente se for permitida à criança a realização de movimentos livres, sem interferência do adulto. Ao ser respeitada em seu tempo e espaço, a criança alcança um domínio maior de habilidades psicomotoras. É por meio do movimento livre que os bebês passam a conhecer a satisfação do sucesso por meio da persistência de seus próprios movimentos motores. Assim, superar as dificuldades passa a ser um aprendizado potente.

A abordagem Pikler recomenda algumas práticas cotidianas no trato com os bebês, dentre as quais podemos citar:

- Conversas com os bebês explicando o que está sendo feito enquanto estão sendo cuidados. Com isso, eles se sentirão acolhidos e desenvolverão a confiança com os adultos de referência.
- Respeito ao tempo das crianças, em caráter individual.
- Cuidado com os desafios motores, evitando colocar os bebês em situações de risco ou que exijam competências além de suas possibilidades reais.
- Investimento no brincar livre.
- Organização dos espaços, colocando o bebê como centro do processo, em suprimento ao protagonismo do adulto, pois o bebê é capaz de assumir posturas corporais de forma autônoma, condizentes com seu desenvolvimento físico e cognitivo.
- Confiança na capacidade das crianças, enquanto seres potentes, capazes e atuantes.

Nesse sentido, Soares (2017, p. 30) traz sua contribuição ao afirmar que:

> As sinapses neurais produzidas nos três primeiros anos de vida modelam o cérebro em relação a motricidade, a psique, a aprendizagem e a experiências afetivas e amorosas, que são resultantes das interações. Dessa forma, as experiências vivenciadas pela criança pequena, seja positiva ou negativa, e as condições afetivas, materiais, sociais e culturais são determinantes para a maturação, a saúde mental e a expressão de suas potencialidades e competências.

Vale também informar sobre a abordagem Pikler no contexto brasileiro, que vem sendo divulgada principalmente pela

Rede Pikler Brasil, desde seu surgimento em Porto Alegre, em 2012, portanto, ainda recente.

    Enfim, inferimos que a abordagem Pikler contribui em muito para o desenvolvimento da criança e, sem sombra de dúvida, merece destaque no estudo acerca da história da infância, principalmente por considerar a potência das crianças enquanto protagonistas das aprendizagens, por trazer importantíssimas reflexões sobre o papel do adulto na relação com elas e por traçar altas expectativas em relação a organização dos espaços, materiais e materialidades a serem disponibilizados no cotidiano infantil.

Capítulo XII

O protagonismo infantil – Contribuições de Loris Malaguzzi

Os capítulos esboçados anteriormente trouxeram, por diversas vezes, questões ligadas ao protagonismo infantil, enquanto base das aprendizagens que se efetivam no âmago da educação básica em relação ao trabalho com a infância. Para que possamos ampliar nosso olhar acadêmico sobre essa temática, buscamos trazer agora um arcabouço teórico pautado nas incontáveis contribuições de Loris Malaguzzi. Adentremos então nesse universo, conhecendo sua trajetória enquanto educador.

O pedagogo nasceu em 1920, na Itália, próximo à cidade de Reggio Emilia. Depois de formado em Pedagogia, iniciou sua carreira no magistério, ministrando aulas nas escolas primárias da região. Falamos aqui do contexto histórico de 1946, quando os conflitos da guerra haviam cessado, mas obviamente deixado rastros incontáveis de destruição de ordem material e emocional em solo italiano. Nesse contexto, como pensar na reconstrução das escolas, sendo que a base para reconstruí-las não seria maior do que a possibilidade de usar os destroços pós--guerra para estruturá-las, pelo menos a ponto de poder acolher a educação das crianças da época. Diante da demanda social que emergia no contexto de destruição, o educador passou a observar o árduo e incansável trabalho das famílias, que tiravam dos destroços todo e qualquer material que pudesse ser aproveitado para a construção das tão necessárias escolas que viessem abrigar as crianças. Algo inusitado e totalmente sem auxílio ou interferência de engenheiros, governantes ou burocratas.

Motivado pelo ávido projeto de construção de escolas, considerando o trágico cenário pós-guerra que trazia como possibilidade apenas o uso dos escombros da devastação ocasionada por ela, Loris Malaguzzi decidiu mudar-se para a região de Reggio Emilia e juntar-se a essa grandiosa e árdua empreitada. Em meados de 1950, com o projeto construído e já ministrando aulas nessas escolas construídas pela própria população, Malaguzzi deu início aos estudos na área de psicologia e, depois de formado, passou a atuar como psicólogo na área de consultoria médica e psicopedagógica municipal de Reggio Emilia. Ao mesmo tempo, permaneceu como professor.

Um destaque importante na atuação de Malaguzzi está no fato de ter aberto caminho para os primeiros jardins de infância destinados às crianças de até 6 anos, apoiados na abordagem de Reggio Emilia, que enaltece a criança enquanto ser potente para a construção de saberes, com mediação de adultos que atuem como facilitadores e estimuladores dos processos de aprendizagem. Dar à infância o seu devido valor foi a maior contribuição de Malaguzzi, não apenas à educação italiana, pois tal repercussão tem, sem sombra de dúvida, um caráter mundial.

O contexto evidenciado nas incontáveis contribuições de Loris Malaguzzi traz à tona o enfoque emergente caracterizado por Silva (2011, p. 23) da seguinte forma:

> O Enfoque Emergente é assim denominado pelo fato de que tudo aquilo que vai ser desenvolvido para e com as crianças emerge do seu cotidiano; por isso, o professor busca o reconhecimento dos temas a serem tratados através da escuta, dos movimentos realizados pelas crianças, dos seus interesses e necessidades. Partindo do que captura dessa escuta, encaminha em conjunto com as crianças,

"um mergulho" em um determinado assunto, constituindo-se, assim, um projeto.

Nesse sentido, a abordagem reggiana tira o educador do papel de detentor soberano dos saberes e o traz para uma atuação mediadora, com muita escuta ativa e posicionamento de interação constante com as crianças, estabelecendo vínculos afetivos, despertando curiosidades, fomentando pesquisas e dando suporte para que a imaginação flua e se constitua em ricos saberes. Não falamos aqui de quaisquer vínculos, ao contrário, ressaltamos relações potentes nas quais adultos e crianças embarcam juntos nas investigações, brincam, experimentam, criam, erram, corrigem e refletem, criam vínculos em um movimento que desassocia o cuidar e o educar. Assim, o educador assume o papel de guia, e a criança, o de protagonista, que ganha confiança nas e pelas relações que estabelecem com os pares (adultos e crianças) e com o meio que a circunda, em uma perspectiva de entrelaçamento dos próprios pensamentos com a dimensão das experiências vivenciadas cotidianamente.

Loris Malaguzzi, sem dúvida, diferencia-se de muitos outros pensadores clássicos das pedagogias da infância, pelo fato de ter atuado também na administração pública, como Secretário de Educação do Município de Reggio Emilia, auxiliando, neste contexto, com incontáveis avanços conceituais na formulação e na implementação de políticas, práticas pedagógicas e formação de professores e profissionais que atuam na área da educação pública destinada às crianças de 0 a 3 anos nas consideradas creches, e de 3 a 6 anos enquadra as Escolas da Infância.

A abordagem pedagógica de Reggio Emília, estruturada com base nos princípios evidenciados por Malaguzzi, enaltece, além da escuta ativa, a fim de impulsionar o protagonismo das crianças no processo de ensino e aprendizagem, a importância dos registros documentais como parte do cotidiano escolar. Isso permite a visualização dos caminhos a serem percorridos, o que é fundamental para que avanços reais aconteçam, considerando as peculiaridades de cada projeto a ser desenvolvido.

Nessa perspectiva, a sala de referência (tradicionalmente chamada de sala de aula) passa a ser vista como um rico espaço de criação, no qual a criança deve se sentir confortável e provocada a novas vivências e descobertas. Vale ressaltar que o ambiente escolar na abordagem reggiana deve ser aberto à comunidade, pois se considera que a relação entre a escola, a família e a comunidade de modo geral seja fundamental para o desenvolvimento das crianças em todas as áreas.

Os princípios malaguzzianos pressupõem a estética em relação à organização dos ambientes, considerando que, desde a parte arquitetônica, todo o ambiente escolar deva corroborar para o estímulo às explorações de toda ordem, que abarquem diferentes linguagens. Nesse contexto, o papel do ateliê ganha destaque, combinando estratégias e ensino para garantir avanços nos projetos desenvolvidos, integrações robustas entre adultos e crianças. No ambiente dos ateliês, constroem-se histórias a partir de diferentes materiais ali disponibilizados, a fim de que as crianças estabeleçam múltiplas relações entre os objetos. A atelierista é o adulto responsável em aproximar a arte e o saber pedagógico para garantir o desenvolvimento integral das crianças respeitando-as enquanto protagonistas do processo de aprendizagem.

Para Malaguzzi, é por meio das relações estabelecidas entre a criança, os materiais variados e apropriados para fomentar curiosidades e o ambiente esteticamente pensado para o acolhimento no cotidiano que o aprendizado acontece, ao mesmo tempo em que ela percebe e se insere no meio social de maneira independente. Ao refletir sobre o mundo, por meio do brincar, a cognição infantil é potencialmente ativada. Vale ressaltar que, dessa forma e por meio do lúdico, a criança também desenvolve suas habilidades emocionais, pois passa a perceber que suas vontades e seus sentimentos são importantes e dignos de respeito.

Outra contribuição importante de Malaguzzi é a reflexão acerca da educação ambiental. Para ele, o contato com a natureza e com o meio ambiente é fundamental para o desenvolvimento da consciência ecológica e do sentimento de pertencimento ao universo natural.

A robustez de suas ideias é ainda objeto de estudo na educação contemporânea no sentido de ampliar a escola para além de suas próprias paredes. Seu legado nos leva a refletir sobre a premissa de que só aprendemos as necessidades e as potencialidades das crianças estando, de fato, junto delas. Isso se dá unindo princípios como o protagonismo infantil, a escuta ativa, o pensamento crítico, a arte e a documentação. Dentre suas contribuições, destacamos o fato de compreender as crianças e suas particularidades, dando espaço à escuta e ao afeto, de forma que o aprendizado se concretize sem que haja a interrupção da infância.

Malaguzzi enfatiza o conceito do aprendizado a partir das aptidões e dos anseios das crianças. Para ela, a escola deve ser um laboratório permanente, predisposto a interligar processos de pesquisas que nutram as crianças em suas múltiplas linguagens. Nesse sentido, as práticas pedagógicas devem estar focadas nas crianças, sem a fragmentação de saberes por disciplinas, embasadas em projetos e preocupadas com a excelência dos processos.

Ao encerrarmos esse breve relato sobre as contribuições de Malaguzzi no que tange à concepção de infância, destacamos sua crença na criança competente e capaz. Frente a isso, a conduta de todos os envolvidos na escola deve estar preparada para ouvir a criança, dar valor ao que ela tem a dizer, dar valor ao que ela produz, dar valor e incentivar suas curiosidades, seus medos, seus sentimentos e desejos. Lembramos ainda que, segundo Malaguzzi (1999, p. 76), "sempre e, em todo lugar, as crianças assumem um papel ativo na construção e aquisição da aprendizagem e da compreensão".

Capítulo XIII

Normativas vigentes em relação ao universo escolar

Para explanarmos acerca das normativas específicas da Educação Infantil, atualmente, vale antes retomarmos o contexto histórico e social das leis que foram se instituindo nesse universo:

> • 1927 – Código de menores: constava a proibição do trabalho de crianças até 12 anos, e sua impunidade até 14 anos.
>
> • 1950 – Direitos Internacionais da Criança, proclamados pela Organização das Nações Unidas (ONU).
>
> • 1964 – Fase do Estado do Bem-Estar (FUNABEM): mudança do modelo e de orientação na assistência à infância abandonada.
>
> • 1977 – Projeto Casulo: primeiro programa brasileiro de Educação Infantil de massa, implantado pela Legião Brasileira de Assistência (LBA).
>
> • 1988 – Constituição Federal: reconhece que crianças de 0 a 6 anos de idade, também, são su-

jeitos de direito, e abre, assim, um novo capítulo no âmbito da Educação Infantil brasileira.

• 1990 – ECA: o Estado assume sua reponsabilidade sobre a assistência à infância e à adolescência desvalidas, e elas se tornam sujeitos de Direito, pela primeira vez na História.

• 1990 – Criação do Conselho Tutelar: responsável em zelar pelo cumprimento dos direitos da criança e do adolescente.

• 1993 – LOAS.

• 1996 – Lei de Diretrizes e Bases (LDB) nº 9.394: define a Educação Infantil como parte primordial da Educação Básica e exige-se a formação superior desses profissionais.

• 1998 – Referencial Curricular Nacional para Educação Infantil (RCNE): reconhece a criança "com uma natureza singular, que as caracteriza como seres que pensam o mundo de um jeito muito próprio".

• 2006 – Lei nº 11.274: amplia o Ensino Fundamental para nove anos de duração, com a matrícula de crianças de seis anos de idade e estabelece prazo de implantação, pelos sistemas, até 2010.

• 2009 – Diretrizes Curriculares Nacionais da Educação Infantil (DCNEI): definem a criança como sujeito histórico e de direitos.

Capítulo XIII - Normativas vigentes em relação ao universo escolar

• 2013 – Diretrizes Curriculares Nacionais da Educação Básica: documento orientado pelos princípios éticos, políticos e estéticos que visam a formação humana integral e a construção de uma sociedade justa, democrática e inclusiva.

• 2017 – Base Nacional Comum Curricular (BNCC): documento de caráter normativo que define o conjunto orgânico e progressivo de aprendizagens essenciais a cada segmento da Educação Básica.

A partir desse breve linear histórico, acerca das normativas voltadas à infância, passemos a retomar o tema a partir da revolução industrial no contexto brasileiro, ou seja, final do século XIX e começo do século XX.

Com a Revolução Industrial, a inserção das mulheres no mercado de trabalho foi notória e, dessa maneira, a necessidade por instituições especializadas que viessem a cuidar das crianças pequenas, se tornou evidente e urgente. Surgiram então as primeiras creches, de cunho assistencialista, visando suprir a ausência materna, enquanto as mulheres assumiam seus afazeres no mercado de trabalho. Tal perspectiva perdurou até meados da segunda metade do século XX, época em que se torna visível, do ponto de vista histórico, uma maior preocupação quanto ao desenvolvimento infantil para além dos cuidados essenciais. A partir da década de 1950, congressos mundiais foram realizados, visando ampliar o olhar sobre a primeira infância e suas peculiaridades. Oriundas dessas discussões, podemos destacar a Declaração Universal dos Direitos da Criança, datada de 1959, e a Convenção Mundial dos Direitos da Criança, de 1989.

Infelizmente, no Brasil, as políticas de regulamentação da Educação Infantil, validando-a como etapa fundamental do desenvolvimento humano, seguiram a passos lentos e somente passaram a receber o devido destaque a partir da segunda metade da década de 1980, ou seja, há apenas 40 anos, aproximadamente. Destacamos aqui a Constituição Federal de 1988, o ECA, de 1990, e a LDB, de 1996. Vamos compreender melhor tais normativas no que tange à Educação Infantil.

Na Constituição Federal de 1988, a educação das crianças de 0 a 6 anos, até então concebida, como amparo e assistência, passou a figurar como direito do cidadão e dever do Estado, em uma perspectiva educacional, em resposta aos movimentos sociais em defesa dos direitos das crianças. Outro aspecto importante da Constituição Federal de 1988 é o destaque quanto ao dever de todos quanto ao zelo pela dignidade da criança e do adolescente, pondo-os a salvo de qualquer tratamento desumano, violento, aterrorizante, vexatório ou constrangedor.

Em seu art. 227, a Constituição pontua que:

> É dever da família, da sociedade e do Estado assegurar à criança e ao adolescente, com absoluta prioridade, o direito à vida, à saúde, à alimentação, à educação, ao lazer, à profissionalização, à cultura, à dignidade, ao respeito, à liberdade e à convivência familiar e comunitária, além de colocá-los a salvo de toda forma de negligência, discriminação, exploração, violência, crueldade e opressão.

De acordo com especialistas em direitos da criança, o art. 227 é considerado como o mais importante da nossa Constituição, responsável por uma mudança paradigmática, por evidenciar a criança como prioridade e assim abrir caminho para a aprovação do ECA, que reitera nos arts. 53 e 54 esse direito ao atendimento educacional às crianças de zero a seis anos, que precisa ser oferecido e mantido pelo Estado de maneira obrigatória (Brasil, 1990a).

Somente em 1996, com a Lei nº 9.394, em seu art. 9º, a Educação Infantil passou a ser considerada parte integrante da Educação Básica. A redação do art. 29 da referida lei pontua que:

> A educação infantil, primeira etapa da educação básica, tem como finalidade o desenvolvimento integral da criança até seis anos de idade, em seus aspectos físico, psicológico, intelectual e social, complementando a ação da família e da comunidade (Brasil, 1996).

Em 2013, a Lei nº 12.796 alterou o texto original da LDB nº 9.394/96, no art. 30, definindo a oferta da Educação Infantil em duas etapas, a saber:

- Creches, ou entidades equivalentes, para crianças de até três anos de idade.

- Pré-escolas, para as crianças de quatro a cinco anos de idade.

Gaspar (2010) contribui com a pesquisa acerca da historicidade das normativas referentes à Educação Infantil, ressaltando que a diferença entre creches e pré-escolas é feita unicamente pelo critério de faixa etária. Ambas são instituições de Educação Infantil, com o mesmo objetivo: o desenvolvimento da criança, em seus múltiplos aspectos e linguagens.

Diante do exposto até aqui, vale trazer, a título de conhecimento, informações sobre a responsabilidade governamental no que tange à educação de zero a seis anos. Segundo a Constituição Federal de 1998, tal responsabilidade fica a cargo dos municípios, no entanto, para manter a Educação Infantil, os municípios precisariam receber a colaboração técnica e financeira da União e do Estado, conforme o art. 8º da LDB nº 9.394/96: "a União, os Estados, o Distrito Federal e os Municípios organizarão, em regime de colaboração, os respectivos sistemas de ensino".

Atualmente, a legislação brasileira prevê que as crianças devem ser matriculadas na educação básica a partir dos quatro anos de idade. A responsabilidade quanto à matrícula para o ingresso na escola nessa faixa etária é dos pais e responsáveis. As novas normas foram estabelecidas pela Lei nº 12.796/13, em ajuste à Lei nº 9.394, de 20 de dezembro de 1996 (Lei de Diretrizes e Bases da Educação Nacional).

A Lei nº 12.796/13 estabelece que a Educação Infantil será organizada com carga horária mínima anual de 800 horas, distribuída por no mínimo 200 dias letivos. O atendimento à criança deve ser, no mínimo, de quatro horas diárias para o turno parcial, e de sete para a jornada integral. Além disso, alguns artigos merecem destaque para repertoriar o leitor em relação à normativa em vigor:

> Art. 26. Os currículos da educação infantil, do ensino fundamental e do ensino médio devem ter base nacional comum, a ser complementada, em cada sistema de ensino e em cada estabelecimento escolar, por uma parte diversificada, exigida pelas características regionais e locais da sociedade, da cultura, da economia e dos educandos
>
> Art. 31. A educação infantil será organizada de acordo com as seguintes regras comuns:
>
> I – avaliação mediante acompanhamento e registro do desenvolvimento das crianças, sem o objetivo de promoção, mesmo para o acesso ao ensino fundamental; (...)

IV – controle de frequência pela instituição de educação pré-escolar, exigida a frequência mínima de 60% (sessenta por cento) do total de horas;

V – expedição de documentação que permita atestar os processos de desenvolvimento e aprendizagem da criança.

Art. 62. A formação de docentes para atuar na educação básica far-se-á em nível superior, em curso de licenciatura, de graduação plena, em universidades e institutos superiores de educação, admitida, como formação mínima para o exercício do magistério na educação infantil e nos 5 (cinco) primeiros anos do ensino fundamental, a oferecida em nível médio na modalidade normal.

Em relação ao Ensino Fundamental I, que atualmente abarca a faixa etária dos 6 aos 10 anos, destacamos as Leis nº 5.692, de 11 de agosto de 1971, que traz a obrigatoriedade do Ensino Fundamental de oito anos, e nº 9.394, de 20 de dezembro de 1996, que estabelece Ensino Fundamental de nove anos, a iniciar-se aos seis anos de idade.

Também é importante saber:

- Lei nº 10.172, de 9 de janeiro de 2001 – aprovou o Plano Nacional de Educação/PNE.

- Lei nº 11. 114, de 16 de maio de 2005 – torna obrigatória a matrícula das crianças de seis anos de idade no Ensino Fundamental.

- Lei nº 11.274, de 6 de fevereiro de 2006 – amplia o Ensino Fundamental para nove anos de duração, com a matrícula de crianças de seis anos de idade e estabelece prazo de implantação, pelos sistemas, até 2010.

A ampliação do Ensino Fundamental para nove anos traz como implicações o planejamento da oferta de vagas, a fim de atender toda a demanda nacional; a adequação dos espaços físicos e dos materiais pedagógicos; a qualificação dos profissionais da educação, sejam eles professores ou equipe de apoio; a reestruturação do Projeto Político pedagógico de cada escola, entre outras adequações.

Nas normativas analisadas para a elaboração do referencial teórico desta obra literária, foi possível constatar que há, paulatinamente implementada, uma perspectiva interacionista do desenvolvimento infantil que, se colocadas em prática, trarão patamares benéficos e condizentes às necessidades da infância, de modo geral e em todas as áreas de conhecimento.

Capítulo XIV

A BNCC como alicerce da matriz de saberes da primeira infância

Ainda no contexto das normativas, é fundamental apresentarmos a BNCC/2017, documento que define o conjunto orgânico e progressivo de aprendizagens essenciais que todos os educandos devem desenvolver no decorrer de sua escolaridade em todas as modalidades da Educação Básica.

Em relação às versões anteriores, a constituição da BNCC atual se deu fundamentada pelos princípios éticos, políticos e estéticos das Diretrizes Nacionais Curriculares. A versão final exprime uma concepção curricular referenciada em competências, um enfoque já presente na LDB e na maior parte das iniciativas de desenvolvimento de currículos no Brasil. Seu foco evidencia um compromisso com a formação humana integral e a construção de uma sociedade justa, democrática e inclusiva.

> Nas últimas décadas, vem se consolidando, na Educação Infantil, a concepção que vincula educar e cuidar, entendendo o cuidado como algo indissociável do processo educativo. Nesse contexto, as creches e pré-escolas, ao acolher as vivências e os conhecimentos construídos pelas crianças no ambiente da família e no contexto de sua comunidade, e articulá-los em suas propostas pedagógicas, têm o objetivo de ampliar o universo de experiências, conhecimentos e habilidades dessas crianças, diversificando e consolidando novas aprendizagens, atuando de maneira com-

plementar à educação familiar – especialmente quando se trata da educação dos bebês e das crianças bem pequenas, que envolve aprendizagens muito próximas aos dois contextos (familiar e escolar), como a socialização, a autonomia e a comunicação. Nessa direção, e para potencializar as aprendizagens e o desenvolvimento das crianças, a prática do diálogo e o compartilhamento de responsabilidades entre a instituição de Educação Infantil e a família, são essenciais. Além disso, a instituição precisa conhecer e trabalhar com as culturas plurais, dialogando com a riqueza da diversidade cultural das famílias e da comunidade (Brasil, 2018, p. 36).

O documento apresenta textos introdutórios (geral, por etapa e por área), competências gerais de cada etapa de escolaridade, competências específicas e direitos de aprendizagem ou habilidades específicas, a serem desenvolvidas.

No que tange ao Ensino Fundamental, a Base traz áreas de conhecimento, competências específicas de cada área, componentes curriculares e suas respectivas competências específicas. Divide ainda o ciclo do Ensino Fundamental em séries iniciais (6 a 10 anos) e séries finais (11 a 14 anos), ambas abrangendo unidades temáticas, objetos de conhecimento e habilidades.

Segundo a BNCC, a Educação Infantil deve ofertar robustas e variadas oportunidades para que a criança vivencie propostas que garantam seu papel ativo nos diferentes ambientes de aprendizagem, enfrentando os desafios e construindo sentidos e significados sobre si própria e sobre o mundo que a cerca. Nesse contexto, a Base traz os seguintes direitos de aprendizagem:

- **Conviver**

Deve ser mantido o direito de as crianças conviverem umas com as outras, e também com adultos, nas mais diversas situações cotidianas e abarcando as diferentes linguagens da infância, com foco no respeito às diferenças pessoais e culturais.

• Brincar

As brincadeiras, sejam elas dirigidas ou livres, deverão ser eixo estruturante do convívio escolar, nos diferentes espaços e tempos. Por meio delas, as crianças terão acesso à cultura e ampliarão seus conhecimentos, imaginação e criatividade. Nesse contexto, também deverão ser garantidas as experiências emocionais, sensoriais, cognitivas, sociais, corporais e relacionais.

• Participar

O desenvolvimento da autonomia é previsto na BNCC, por meio de propostas que coloquem a criança no papel de protagonista, com participação ativa nas escolhas de brincadeiras e materiais.

• Explorar

Para ampliar os conhecimentos sobre a cultura, em suas diversas formas, entre elas, a arte, a escrita, a ciência e a tecnologia, as crianças precisam ser estimuladas a explorar movimentos, sons, formas, texturas, palavras, relacionamentos interpessoais, objetos, elementos da natureza, entre outros.

• Expressar

Ter liberdade para expressar necessidades, opiniões, interesses, emoções e dúvidas é um direito supremo, referendado na BNCC.

• Conhecer-se

A construção da identidade pessoal, social e cultural deve ser adquirida a partir das interações da criança no ambiente de aprendizagem.

Outro ponto de destaque na BNCC, no que se refere à primeira infância, é o fato de trazer a concepção de campos conceituais de experiências para a estruturação curricular, com foco no desenvolvimento de habilidades sociais, culturais e intelectuais. São eles:

– O eu, o outro e o nós
A faixa etária que abrange a Educação Infantil marca o início das noções de reconhecimento de si, das semelhanças e diferenças entre as pessoas, do desenvolvimento da empatia e da autonomia. Estimular tais habilidades por meio da convivência com os pares e com o entorno social e cultural faz parte dos objetivos deste campo de experiência.

– Corpo, gestos e movimentos
O reconhecimento das diferentes formas de expressão corporal, as peculiaridades e possibilidades oferecidas pelos diferentes espaços, materialidades e materiais são o foco principal deste campo conceitual.

– Traços, sons, cores e formas
É fundamental proporcionar às crianças o contato com variados tipos de manifestações culturais, a exemplo das artes visuais, do cinema, da música e do teatro. Nesse contexto, apreciar diferentes sons, cores, formas e traços é essencial para estimular a criatividade e o desenvolvimento do senso crítico das crianças.

– Escuta, fala, pensamento e imaginação
Garantir espaços para compartilhamentos de experiências por meio da experiência oral, da exploração literária, de momentos de escuta é o eixo estruturante deste campo de experiência.

– **Espaços, tempos, quantidades, relações e transformações**

Oferecer às crianças oportunidade de compreender o mundo em que vivem, abordando conceitos sobre os espaços e tempos do cotidiano escolar e social, assim como experimentar vivências que envolvam conceitos matemáticos e de transformações ligadas ao espírito investigativo, é a base deste campo conceitual.

Enfim, devemos destacar que a BNCC traz uma visão sobre a infância que se debruça sobre os bebês e as crianças, vendo-os como sujeitos potentes e ativos no processo de aprendizagens múltiplas. Assim, de acordo com os pressupostos da Base, podemos inferir que a criança é, sem sombra de dúvidas, o centro do planejamento curricular da infância.

Se assim concebemos a infância, é mister que as interações e as brincadeiras sejam, de fato, os eixos estruturantes das propostas cotidianas da Educação Infantil.

Capítulo XV

Abordagens e práticas contemporâneas na escola das infâncias

A utilização do termo *infâncias,* no plural, significa a diversidade e as desigualdades que marcam as condições de vida das crianças no Brasil. Criar oportunidades para o seu desenvolvimento integral é tarefa constitucional de todos. Desenvolver projetos educativos que contemplem uma educação integradora de espaços, tempos e percursos de aprendizagem potente e significativa para cada criança é o caminho para melhoria do processo educacional (EI; C&A, 2017).

Então, como alcançar esses objetivos a partir da Educação Infantil?

Inicialmente, construir uma Proposta Pedagógica que tenha como base os quatro pilares da educação instituídos no Relatório para UNESCO da Comissão Internacional sobre Educação para o século XXI (Delors, 2001). Para dar respostas aos desafios atuais, a educação deve organizar-se em torno de quatro aprendizagens fundamentais que, ao longo da vida, serão os pilares do conhecimento:

a) Aprender a Conhecer: que também significa aprender a aprender, exercitando a atenção, a memória e o pensamento. O processo de aprendizagem do conhecimento nunca está acabado e pode enriquecer-se com qualquer experiência. A educação na primeira infância pode ser considerada bem-sucedida se conseguir transmitir as bases do contínuo aprender e o prazer em aprender. Para essa visão, não dá mais para termos práticas pedagógicas que privilegiam a transmissão e o acúmulo de informações.

b) Aprender a Fazer: ensinar o aluno a colocar em prática os seus conhecimentos. É a prática caminhando com o teórico no dia a dia tornando o aprendizado mais significativo. É realizar e compartilhar descobertas e criações, desenvolvendo competências e habilidades.

c) Aprender a Conviver: por meio de atividades desportivas, culturais e sociais desenvolver o respeito ao pluralismo, à compreensão mútua e a paz, interagir em equipe, preservar os valores éticos necessários à convivência humana.

d) Aprender a Ser: para melhor desenvolver a sua personalidade e estar à altura de agir com discernimento, responsabilidade pessoal e autonomia.

Segundo, ainda, o Relatório da Unesco (2001) é necessário garantir o direito de todas as pessoas de receberem uma educação pertinente e de qualidade, proporcionando-lhes o mínimo de competências sobre os principais domínios das aptidões cognitivas: instrumentos essenciais de aprendizagem (leitura, escrita, expressão oral, cálculo, resolução de problemas) e conteúdos educativos (conhecimentos, aptidões, valores e atitudes) fornecendo-lhes uma base sólida para aquisições futuras, para aprender a aprender. É importante valorizar as experiências individuais do aluno e enfatizar a sua compreensão.

Em segundo lugar, construir uma escola que tenha busca permanente pela qualidade e seja aberta ao mundo. E, de acordo com Zabalza (1998), 10 aspectos são importantes para uma escola de Educação Infantil de qualidade:

a) Organização dos espaços.

b) Planejamento de atividades orientadas para o desenvolvimento das competências específicas que constam da proposta curricular.

c) Atenção aos aspectos emocionais, papel fundamental nessa faixa etária.

d) Utilização de uma linguagem enriquecida.

e) Desenvolvimento de atividades integradoras ou de um projeto que contemple ações diversificadas.

f) Rotinas estáveis que assegurem efeito sobre a segurança e a autonomia.

g) Materiais diversificados e polivalentes.

h) Atenção individualizada a cada criança.

i) Planejamento e avaliação de processos que acompanhem o progresso de cada criança no seu desenvolvimento individual e global. A BNCC (2017) ressalta, nessa observação da criança sem intenção de seleção, a promoção ou a classificação de crianças em "aptas" ou "não aptas", "prontas" ou "não prontas", "maduras" ou "imaturas".

j) Trabalho com a família e com o meio ambiente.

Um terceiro ponto importante para uma escola de qualidade é reconhecer que as aprendizagens essenciais na Educação

Infantil, compreende tanto comportamentos, habilidades e conhecimentos quanto vivências que promovem aprendizagem e desenvolvimento nos diversos campos de experiências, sempre tomando as interações e as brincadeiras como eixos estruturantes. Essas aprendizagens constituem-se como objetivos de aprendizagem e desenvolvimento e reconhecem as especificidades dos diferentes grupos etários (Brasil, 2017).

Partindo do princípio de que a educação acontece em sala de aula, e segundo Tardiff e Lessard (2005), de que a interatividade caracteriza o principal objeto do trabalho do professor, surge uma questão fundamental para a qualidade de uma escola de Educação Infantil, e é o quarto item deste capítulo: a formação contínua do docente. Seu papel, hoje, é de um interlocutor que amplia as perguntas e inspira. Garante o domínio das competências e o conhecimento de que seus alunos mais precisam. É um conector, cria oportunidades, encontra novas maneiras de fazer acontecer a aprendizagem. Tem de acompanhar o aluno, conhecê-lo, montar um processo para auxiliá-lo em suas dificuldades, ampliar sua potência porque é das experiências cotidianas que se dá a aprendizagem, agora, centrada no aluno e construída por um currículo integrado, que contempla o desenvolvimento da autonomia, do pensamento crítico, da criatividade e da resolução de problemas. Nesse contexto, o desenvolvimento dessas habilidades é fortalecido quando os professores se tornam estudiosos e investigadores de sua própria prática, por meio de comunidades de aprendizagem, onde o compartilhamento de práticas, de experiências diversificadas e de estudo de teorias que auxiliam na solução de problemas promove melhoria da qualidade do trabalho educativo.

As práticas cotidianas da escola giram em torno dos educandos, da formação de sua mente, do domínio de competências, de sua formação como humanos. Aprender as artes de lidar com pessoas, de acompanhar seus processos complexos de formação, de produção e apreensão de saberes e valores exige artes muito especiais. Exige inventar e reinventar práticas, atividades, intervenções. Esse é seu ofício, seu saber e suas destrezas (Arroyo, 2009).

O quinto ponto a se considerar é a documentação pedagógica e, quando se volta à linha histórica da infância, percebe-se que ela representa uma conquista, pois visibiliza cada criança na sua competência, na sua identidade. A documentação pedagógica é o processo para registrar a aprendizagem das crianças, mas também a aprendizagem dos profissionais e a dos pais. Ela está no centro do processo de aprendizagem, pois documentar permite descrever, interpretar, narrar a experiência, significá-la e ressignificá-la (Azevedo, 2009 *apud* Kishimoto, 2003).

Refletir utilizando a documentação enraíza e estabiliza as aprendizagens, descobre erros, motiva para ultrapassá-los, identifica conquistas e as celebra, identifica dificuldades e as compreende, motiva para uma dinâmica de resolução de problemas, promove relações e a metacognição (Azevedo; Oliveira Formosinho, 2008 *apud* Kishimoto, 2002).

Um dos grandes valores da documentação pedagógica é que ela retira as práticas pedagógicas do anonimato, dando-lhes visibilidade e permitindo colocar em diálogo culturas e identidades: a cultura da criança e a cultura do adulto; a identidade da criança e a identidade do adulto. Nesse processo, revela-nos, desde o nascimento, um ser que sente, explora, comunica, vive (Kishimoto; Formosinho, 2013). A Educação Infantil é um lugar de vida, e só assim será um lugar de aprendizagem.

Como último ponto a considerar, temos as Metodologias Ativas, que se constituem em alternativas pedagógicas que colocam o foco do processo de ensino e de aprendizagem nos aprendizes e na relação com os docentes, envolvendo-os na aprendizagem por descoberta, por investigação ou resolução de problemas. É um processo interdisciplinar que envolve várias áreas do conhecimento e promove um movimento de transformação na relação interpessoal gerando as comunidades de aprendizagem. Na verdade, vem fechar de forma prática todos os pontos considerados acima. Nesse processo, os alunos participam ativamente com mais interação e independência. Trabalham diferentes áreas do conhecimento, são protagonistas do aprendizado e desenvolvem a autonomia no aprender.

No site totvs.com encontram-se alguns tipos de Metodologias Ativas direcionadas à Educação Infantil:

> **Gamificação:** é uma prática que estimula o ensino lúdico e o pensamento analítico por meio de videogames, jogos, expondo os alunos a problemas em diferentes situações.
>
> **Cultura maker:** de maneira intuitiva os alunos devem criar soluções para os problemas e recursos apresentados, utilizando os conhecimentos aprendidos em sala de aula.
>
> **Aprendizado por problemas:** permite que os alunos exerçam o aprendizado a partir de desafios, trabalhando com criatividade e reflexão.
>
> **Aprendizado por projetos:** esta abordagem estimula o trabalho em equipe e possibilita a descoberta de aptidões utilizando a linha de raciocínio "o quê?", "para quem?", "para quê?" e "de que forma?".
>
> **Sala de aula invertida:** conta com a tecnologia e transforma qualquer ambiente em um espaço dedicado ao estudo. A sala de aula passa a ser

um local para discussões e debates de assuntos previamente estudados em casa.

• **Pesquisa de campo:** é uma pesquisa realizada fora da sala de aula, com pessoas diferentes do convívio escolar e sobre qualquer tipo de tema. Estimula o engajamento e a prática do pensamento analítico.

• **Rotação por estações:** a sala é dividida em "estações" nas quais os alunos encontrarão atividades diferentes: exibição de um vídeo sobre o tema, discussão em grupo sobre o tema, produção de um texto.

O capítulo a seguir complementa as práticas contemporâneas evidenciando a importância dos espaços no desenvolvimento da criança.

Capítulo XVI

Crianças, espaços e relações. Contextos investigativos na prática

Os capítulos anteriores evidenciam o contexto histórico da educação voltada para a infância no Brasil. Parece ser evidente o quanto ainda engatinhamos neste sentido. Se pouco ainda temos de concreto acerca das diretrizes para ações mais assertivas no cenário da Educação Infantil, ainda menos temos sobre a abordagem dos espaços de acolhimento da criança pequena.

Estudos recentes evidenciam que o espaço escolar e sua organização cotidiana impactam fortemente o aprendizado das crianças. Assim, passemos então a pensar em espaços de interação voltados ao público infantil, considerando as peculiaridades da faixa etária de zero a cinco anos, principalmente.

A construção e a organização dos espaços da escola é, sem sombra de dúvida, um importante aspecto a ser considerado pelas políticas públicas, porém isso ainda não é notório. Ainda vemos, infelizmente com grande frequência em nosso país, espaços escolares voltados à infância, com a mesma roupagem de 100 anos atrás.

Debrucemo-nos então no quadro ideal, que contempla uma arquitetura adequada às demandas da infância, envolvendo aspectos como luminosidade, sonoridade, temperatura, texturas, acomodações confortáveis, mobiliário adequado e organizado e principalmente espaços que favoreçam as interações. O espaço escolar precisa ser visto como um potente educador, repleto de possibilidades relacionais.

A abordagem deste capítulo beberá da fonte inspiradora das escolas municipais de Reggio Emilia, reconhecidas mundialmente pela singularidade com que trata as infâncias:

> Um ambiente caracterizado pelas relações que consegue estimular ou possibilitar: um espaço relacional, cuja qualidade não deriva de uma Teoria, mas de uma maneira de enxergar, ler, estudar, interpretar a realidade e de representá-la com consciência crítica (Ceppi; Zini, 2013).

Na perspectiva de espaços mais agradáveis e flexíveis, menos rígidos e acessíveis para a vivência das mais diferentes linguagens, vemos a coexistência de dimensões múltiplas – mesmo que sejam elas opostas – que visam propiciar um bem-estar global, pautado na escuta das centenas de linguagens que as crianças nos trazem diariamente.

Ao nos referirmos a um espaço relacional, trazemos a ideia de um espaço integrado, cuidado esteticamente, com propostas que entrelacem saberes, que instiguem investigações que ativem informações e cultura de um modo geral. Pensamos, enfim, em espaços que tragam conexões entre as coisas, que sejam ricos em informações e se distanciem da rigidez e do senso comum. Pensamos em ambientes estimulantes e que sejam capazes de aflorar percepções das mais diferentes ordens.

Nesse sentido, o ambiente deve ser visto como um local multissensorial, para que as crianças reconheçam regularidades, oposições, gostos e contragostos. É importante ressaltarmos que as crianças pequenas, frente aos espaços que habitam, constroem sentidos e significados. Sendo assim, o espaço escolar deve levar em consideração seus interesses e ser, de fato, um espaço transformável, personalizável e flexível para que novas marcas se constituam nele, enquanto organismo vivo e não apenas estático para que as crianças nele permaneçam.

Capítulo XVI - Crianças, espaços e relações. Contextos investigativos na prática

Portanto, os espaços escolares devem se constituir em oficinas de pesquisa e experimentação. Devem ser um laboratório vivo para aprendizagens múltiplas que se consolidam pela alquimia do conhecimento.

Os contextos dos espaços precisam contemplar valores compartilhados na premissa do ambiente coletivo. As narrativas que se constituirão nesse ambiente planejado, porém não rígido, deverão focar não apenas nos resultados, mas principalmente nos processos de aprendizagens vivenciados nas e pelas relações das crianças com seus pares, sejam eles adultos ou crianças, e no ambiente circundante.

Um ambiente estimulante para a criança é aquele em que ela se sente segura e ao mesmo tempo desafiada, onde ela sinta o prazer de pertencer, e principalmente um ambiente em que ela possa estabelecer relações entre os pares. Nesse contexto, o educador terá melhores condições de perceber a elaboração dos pensamentos das crianças, a forma com que ela transpõe sua realidade, seus desejos e curiosidades.

Na verdade, o ambiente planejado enquanto "eixo estruturante do trabalho pedagógico" no processo de desenvolvimento das crianças pequenas, pode atuar como um terceiro educador, uma vez que este "sempre evidencia uma determinada imagem de infância e de docência" (Modler; Rheingantz; Carvalho, 2019, p. 86).

Pensar em espaços potentes, que acolham e instiguem descobertas e pesquisas, que permitam aprendizagens relacionais implicará a abordagem projetual, que discorreremos a seguir.

16.1 Abordagem projetual

De acordo com Martini *et al.*, (2020), a abordagem projetual é uma possibilidade didática relacionada ao desenvolvimento da autonomia e do pensamento científico das crianças, desde a mais tenra idade. Nessa perspectiva o professor, enquanto adulto mediador, pauta suas ações a partir de suas observações e processos de documentação dos diferentes percursos de aprendizagem das crianças, vistas como sujeitos únicos e ativos frente às diferentes proposições cotidianas.

A abordagem projetual abarca diferentes processos de indagações acerca das experiências vivenciadas, assim como prevê o levantamento de hipóteses de significados e condições de desenvolvimento das intenções educativas, cultivando a observação como uma atitude e um dispositivo mental (Martini *et al.*, 2020). É uma mudança de paradigma, necessária para que possamos, de fato, superar os visíveis descompassos entre ensino e aprendizagem, além de respeitar as singularidades da infância. As relações cooperativas e dialógicas são grandes aliadas nesse percurso. Não falamos aqui de contextos romantizados e sem percalços pelo caminho, mas sim de uma relação em que crianças e professores passam a se apropriar dos saberes, de maneira dialógica, reflexiva e coparticipante. Corroborando com esta premissa, Candau *et al.* (2006) propõem práticas multi e interculturais que valorizem a visão dos sujeitos protagonistas, no caso, das crianças protagonistas e envolvidas diretamente no processo de ensino e aprendizagem.

Ao falarmos sobre abordagem projetual, enquanto um ato pedagógico comprometido com a pesquisa, como rica possibilidade de ruptura com formas passivas de relação com o próprio conhecimento, trazemos também uma reflexão sobre a pedagogia de projetos, entendida como flexibilização pedagógica, que permite escolhas, planejamentos que se constroem e desconstroem frente a outras trajetórias sinalizadas pelas próprias crianças envolvidas na dinâmica escolar. Os projetos de caráter investigativo devem, portanto, surgir dos interesses das crianças diante do cotidiano ou a partir de provocações trazidas pelos professores, na intenção de ampliar o conhecimento de mundo das crianças. Ressaltamos, porém, que tais provocações precisam estar alicerçadas em potentes materiais e espaços previamente preparados para despertar o interesse da turma, o que pode ou não se concretizar.

Para que possamos envolver a infância nos projetos investigativos, temos de ter em mente a flexibilidade para seguir novas rotas, a pesquisa constante, a imersão nas tecnologias digitais, enquanto aliadas dos processos investigativos, uma postura docente questionadora, cuidadosa e apta à escuta dos interesses e das necessidades da turma, a socialização de saberes e a valorização do protagonismo infantil. Os projetos podem, portanto, ser robustas possibilidades de enveredar pelos caminhos da pesquisa, em uma perspectiva cooperativa entre o adulto e a criança, rumo a novas descobertas. Nesse percurso que se dá a partir de problemas e contextos temáticos, disparados pelos interesses genuínos das crianças, as temáticas surgem não como um roteiro predeterminado, mas como um fio condutor para o processo de significação.

A seguir, apresentaremos a título de conhecimento, um norte para a estruturação de um projeto, lembrando que a flexibilidade deve permear as ações e considerar as peculiaridades de cada questão a ser investigada.

> • O percurso dos projetos se inicia com a utilização de perguntas norteadoras elaboradas pelo adulto, oriundas de proposições previamente estruturadas para levantar o interesse das crianças, ou daquelas curiosidades que surgem na dinâmica cotidiana, sem planejamento prévio, e que podem se tornar projetos potentes.

> • As experiências das crianças em suas individualidades, e do grupo como um todo, deverão ser consideradas para melhorar e enriquecer a experiência do próprio grupo.

- A escuta e o diálogo devem alicerçar a buscar por novas estratégias e soluções em torno das questões levantadas.

- É fundamental haver interação e cumplicidade dos pensamentos de adultos e crianças.

- As teorias levantadas pelas crianças serão essenciais para a estruturação dos percursos, a fim de validar ou refutar teorias.

- A documentação do processo auxiliará na tomada de decisão quanto aos novos percursos que poderão emergir, envolvendo as diferentes linguagens, expressas por diversas referências, sejam desenhos, falas, narrativas, fotos, entre outros recursos.

- A criança é o sujeito ativo nos percursos percorridos.

- O educador media, instiga, provoca, reflete, colhe dados e tece novos caminhos, ao lado da criança, distanciando-se da visão de detentor do saber. Nesse contexto, mapas mentais e conceituais são grandes aliados para a organização das ideias e a estruturação dos projetos.

Enfim, podemos inferir que a abordagem projetual, ao abarcar diferentes possibilidades de investigações e dinâmicas relacionais voltadas ao processo educativo, pode certamente mediar de maneira perspicaz a organização interna das crianças e suas relações com o mundo que as cerca.

16.2 Relato de experiência

O relato de experiência a seguir trará tratativas, do ponto de vista do espaço, das relações envolvidas e da abordagem projetual.

Grupo focal – faixa etária de cinco anos

Escola de Educação Infantil da rede particular de São Paulo[1]

Em uma vivência livre realizada no Bosque da escola, uma área verde projetada para acolher as crianças e propiciar um amplo convívio com a natureza, enquanto espaço educador em potencial, algumas crianças, movidas pelas brincadeiras cotidianas e pelas investigações que emergem da curiosidade das infâncias, se depararam com algumas pedras diferentes ali existentes e passaram a insinuar que seriam elas meteoros caídos do céu. Com ouvidos atentos, as professoras[2] começaram a indagá-las sobre seus conhecimentos prévios acerca do assunto, percebendo, assim, que esse poderia ser um eixo de projeto interessante a ser desenvolvido. Logo, o restante do grupo começou a participar desse bate-papo inicial.

Nos dias que sucederam esse episódio, a sala referência passou a ser minuciosamente montada com outras provocações relacionadas à temática, para que as professoras pudessem perceber os possíveis desdobramentos investigativos. Nesse contexto, o espaço foi esteticamente montado com pedras diferentes das localizadas em um primeiro momento, literaturas de apoio à pesquisa, disponibilização de vídeos informativos, entre outras proposições. Depois de muitas pesquisas, chegaram à conclusão de que as pedras localizadas não eram, de fato, um meteoro. Conceitos acerca do sistema solar começaram a surgir e a nortear outras pesquisas, enriquecidas diariamente por ambientes planejados e desafiadores para a imersão das

---

[1] Escola AB Sabin.
[2] Professoras Daniela Machado e Daniela Frigatto.

crianças no universo investigativo, que perpassou os diferentes campos de experiências que estruturam o currículo da infância, tendo como eixos estruturantes, as interações e as brincadeiras. Mapas mentais e registros com fotos e anotações das falas das crianças passaram a estruturar o projeto, dando às professoras preciosas pistas sobre novos caminhos a percorrer.

A ampliação de conhecimento de mundo e o enriquecimento de vocabulário foram notórios durante todo o processo. As crianças, enquanto protagonistas do processo de ensino e aprendizagem, mediadas pelas professoras, vivenciaram a inteireza do projeto que seguiu no decorrer do ano letivo, de forma flexível, com mudanças de rotas no percurso, fomentadas pelo interesse genuíno dos pequenos e busca por embasamentos científicos que respaldaram as descobertas e as aventuras vivenciadas nessa dinâmica projetual robusta e encantadora, concomitantemente.

Os produtos finais, como estrutura lunar em argila, livro com fabulações sobre extraterrestres (elaborado e ilustrado pelas próprias crianças), jogos, documentação pedagógica ilustrando a trajetória, foram expostos na 8ª Conferência Internacional de Educação – "Diálogos com a abordagem de Reggio Emilia: os direitos das crianças e as 100 possibilidades de aprendizagem", promovida pela Redsolare Brasil, que tem por missão articular e difundir a prática educativa da cidade de Reggio Emilia em defesa de uma cultura mundial de infância, em uma perspectiva integral de intercâmbios potentes entre estados brasileiros e países da América Latina.

Nesse contexto, contamos com a contribuição da Profa. Dra. Silvia Adrião, membro da Redsolare Brasil e diretora pedagógica da escola em questão, ao ressaltar sobre a abordagem projetual:

> O trabalho com a abordagem projetual é, sem dúvida, uma das principais formas de engajar crianças

e educadores na busca por novos conhecimentos. Valoriza a experiência e a reflexão para a promoção de aprendizagem, como já propunha Dewey. Prevê levantar as curiosidades e necessidades do grupo, problematizando e enriquecendo as vivências do cotidiano. Trabalhar com esta abordagem é também um compromisso ético com as crianças, pois considera seus saberes, suas hipóteses e não se subestima a capacidade que elas têm em encontrar soluções e possibilidades diante dos desafios. Desta forma, se constrói um repertório de experiências que podem ser mobilizadas em diferentes situações.

Capítulo XVII

O brincar como ofício das crianças – O lúdico a favor das aprendizagens

> Nossas crianças, desde os primeiros anos, devem participar de todas as formas válidas de brincar, pois, se elas não estiverem cercadas dessa atmosfera, nunca poderão crescer para se tornarem cidadãs exemplares e virtuosas (Platão).

Desde os tempos das cavernas, o homem já manifestava sua humanização por meio do brincar. As pinturas rupestres, suas danças, suas manifestações de alegria eram brincadeiras da época.

Na Antiguidade os pensadores Platão e Aristóteles refletiam sobre a importância das brincadeiras na aprendizagem. Platão apontava que as crianças podiam aprender brincando em oposição ao uso da violência ou opressão. Já Aristóteles entendia que usar jogos que simulavam atividades sérias era uma forma de preparar os pequenos para a vida futura.

No período do Renascimento, a brincadeira é vista como conduta livre que favorece o desenvolvimento da inteligência e facilita o estudo. Por isso, foi adotada como instrumento de aprendizagem de conteúdos escolares. Mais tarde, o Romantismo reconhece na criança uma natureza boa, considerando o jogo sua forma de expressão. Mais que um ser em desenvolvimento, com características próprias, embora transitórias, a criança é vista como um ser que imita e brinca, dotada de espontaneidade e liberdade (Kishimoto, 2002).

No começo da vida, a criança é seu próprio brinquedo, a mãe é seu brinquedo, o espaço que a cerca, suas mãos, seus pés, nariz, orelhas, boca, é um despertar de sentidos em um mundo de descobertas (Altman *apud* Priore, 2023). Muito mais do que uma diversão, a brincadeira é a principal forma de comunicação da criança. É como ela expressa seus sentimentos, suas emoções, sua percepção de mundo e compreende os fatos à sua volta.

Há alguns anos, o brincar não era levado a sério. Era considerado um passatempo, uma distração para a criança, uma palavra oposta ao trabalhar. Atualmente, sabe-se por meio de estudiosos do tema e da neurociência a importância do lúdico para a aprendizagem. Sabe-se que as brincadeiras e os jogos, desde que sejam próprios para cada idade, estimulam a mente e o corpo da criança, assim como contribuem para a formação do caráter integral da criança. Sua inteligência se desenvolve, a curiosidade aumenta e os interesses se diversificam. Dessa forma, vai construindo seu repertório de experiências e aprendizado.

O "faz de conta" é uma atividade psicológica de grande complexidade. Ela enriquece a identidade da criança, proporciona oportunidades para ela experimentar outras formas de pensar, amplia suas concepções sobre as coisas porque desenvolve vários papéis sociais ao representar diferentes personagens.

Brincando, a criança se coloca em um papel de poder, em que ela pode dominar vilões ou situações que provocam medo ou aquelas que a fariam se sentir vulneráveis e inseguras. A brincadeira de super-herói ajuda a criança a construir a autoconfiança e a leva a superar obstáculos da vida real (Levinson *apud* Kishimoto, 2007).

Vygotsky, segundo Oliveira *et al.* (2000), observa que no faz de conta a criança substitui um objeto real por outro objeto, uma ação por outra ação. Os objetos e as ações reais são subordinados ao campo do significado, mas essas ações ainda ocorrem no faz de conta como ocorrem na realidade. As crianças pequenas têm nas brincadeiras temas comuns do seu cotidiano, assumem papéis que lhes são familiares – pai, mãe, motorista, animais e objetos que fazem parte de sua realidade. A brincadeira livre é um espaço de autonomia plena.

Dar vida aos objetos é dar-lhes história, um passado, um presente e um futuro. É a grande riqueza da imaginação infantil. Tem-se de abrir a possibilidade de imaginar!

Nessa variedade de situações brincantes, as crianças necessitam compartilhar entre si os significados que são tecidos por elas, para que possam brincar juntas. Isso requer ajustes de comportamento, de ideias, de regras. Esse compartilhamento se dá a partir de uma compreensão mútua de papéis, de ações e de turnos da sequência interacional, dentro de um contexto. Nesse nível, o compartilhamento das crianças revela o ambiente sociocultural do qual participam (Oliveira, 2000).

Altman *apud* Priore (2023) afirma que, por meio dos jogos, a criança de todos os tempos estabelece vínculos sociais, ajustando-se ao grupo e aceitando a participação de outras crianças com os mesmos direitos. Aprende a ganhar e a perder, acata regras, aprende a apoiar o mais fraco e a consagrar o vitorioso. Ao sair-se bem, torna-se confiante e seguro. Quando perde se aborrece, mas enfrenta a realidade. Assim aprende a agir como "ser social" e cresce. Os grupos infantis favorecem a iniciação para a vida por intermédio da experiência e em contato direto com o meio social em que vivem. Brincar é a forma de conhecer o mundo, e por meio da brincadeira a criança desenvolve a capacidade de pensar, solucionar problemas, se relacionar com o outro.

Wajskop (2001) compreende que a brincadeira infantil passa a ter uma importância fundamental na perspectiva do trabalho pré-escolar, quando se tem em vista a criança como sujeito histórico e social.

17.1 O lúdico e a aprendizagem na Educação Infantil

Voltando na linha do tempo histórica, encontra-se Fröebel abrindo na Alemanha o primeiro Jardim de infância, em 1837. Embora não soubesse disso, estava criando uma abordagem de ensino ideal para as necessidades do século XXI (Resnick, 2020). Ele acreditou na criança, enalteceu sua perfeição, valorizou sua liberdade e desejou a expressão da natureza infantil por meio de brincadeiras livres e espontâneas (Kishimoto, 2002).

É com Fröebel que o jogo passa a fazer parte do centro do currículo de Educação Infantil. Pela primeira vez a criança brinca na escola, manipula brinquedos para aprender conceitos e desenvolver habilidades. Jogos, música, arte e atividades externas integram o programa diário (Kishimoto, 2003).

Fröebel percebeu que a criança aprende melhor interagindo com o mundo ao seu redor. Assim, passou de um modelo educacional baseado na transmissão para um modelo interativo, dando oportunidades de a criança interagir com os brinquedos, os materiais de artesanato e outros objetos. Fröebel ilumina sua teoria ao ver a capacidade simbólica de a criança criar significações a partir de objetos de seu mundo. A criança tenta compreendê-lo ao reproduzir situações da vida. Quando ela imita, está tentando compreender (exemplo: imita um pássaro, um cachorro, uma vaca).

Resnick (2020) acredita que, enquanto as crianças do Jardim de Infância brincam, aprendem muitas coisas. Ao construir torres, desenvolvem uma melhor compreensão sobre estruturas e estabilidade; criando histórias, desenvolvem uma compreensão mais aprofundada sobre enredos e personagens. Dessa forma, entram em um processo criativo que abrange: imaginação, crença de que, ao brincar, a criança do jardim de infância aprende a desenvolver suas próprias ideias, testá-las, experimentar alternativas, obter a opinião de outras pessoas e criar ideias baseadas em suas experiências.

Aqui, podemos citar Fröebel (1782-1852), Montessori (1870-1952) e Decroly (1871-1932) como educadores que muito contribuíram para a superação de uma concepção tradicionalista de ensino, inaugurando um período histórico no qual as crianças passaram a ser respeitadas e compreendidas enquanto seres ativos. Propuseram uma educação sensorial, baseada na utilização de jogos e materiais didáticos que traduziam por si uma educação natural dos instintos infantis (Wajskop, 2001).

No início do século XX, Dewey discute as mudanças mais fundamentais na educação, estabelecidas por escolas preocupadas com a preparação das crianças para a vida do mundo do amanhã. Defende a teoria de que preparar a criança para a vida futura significa dar-lhe domínio de si mesma; treiná-la para que possa ter uso pleno e pronto de suas capacidades, permitindo que sua inteligência seja capaz de compreender as condições sob as quais desenvolve seu trabalho. Ele atribui o prazer nas brincadeiras de imitar o pai, a mãe, o médico à necessidade que a criança tem de imitar a vida dos pais e dos adultos.

> Brincando, elas observam mais atentamente e deste modo fixam na memória e em hábitos muito mais do que se elas simplesmente vivessem indiferentemente todo o colorido da vida ao redor (Dewey *apud* Kishimoto, 2002, p. 99).

Dewey rejeitava a educação antiquada do seu tempo. Uma educação que imobilizava a criança dentro da rotina de um processo passivo de aprendizagem ao invés de ensiná-la a pensar. Sempre insistiu que o importante era o processo de aprendizagem e não os produtos aprendidos (Amaral *apud* Kishimoto, 2002).

Outro estudioso no assunto foi Jerome Seymour Bruner que, nas décadas de 1970 e 1980, aponta a potencialidade da brincadeira para a descoberta das regras e aquisição da linguagem. Valoriza a brincadeira desde o nascimento da criança, que aprende a se movimentar, falar e desenvolver estratégias para solucionar problemas. Afirma que crianças que brincam aprendem a decodificar o pensamento dos parceiros por meio da metacognição, o processo de substituição de significados, típico de processos simbólicos, e isso permite o desenvolvimento cognitivo. O lúdico é uma forma de exploração que leva ao pensamento divergente, estimula a criatividade, envolve o prazer, a motivação, a flexibilidade, a solução de problemas. Brunner acredita que o ato lúdico representa o primeiro nível de construção do conhecimento, o nível do pensamento intuitivo, ainda nebuloso, mas que já aponta para uma direção (Kishimoto, 2002).

Bruner, como Vygotsky, relaciona a cultura, a inteligência e a educação, mostrando que todo ser humano está inserido em um contexto cultural que determina sua forma de pensar e agir, molda sua inteligência, e que a educação, quando se realiza pela narrativa, contribui para que a criança desenvolva sua representação do mundo (Kishimoto, 2002).

Vygotsky afirma que a fantasia e a realidade se realimentam e possibilitam que a criança estabeleça conceitos e relações, inserindo-se enquanto sujeito social que é. Ao brincar, ela não está só fantasiando, mas fazendo uma reconstrução interna daquilo que é observado externamente e ressignificando suas diversas experiências cotidianas. Isto é o aprender, e nada mais correto que a escola promova atividades que possibilitem a imitação, a observação e a reprodução de modelos. Atividades que promovam a criação de situações imaginárias, que criem oportunidades para essa criança se expandir, ser ela mesma, pesquisar, ser um investigador em potencial.

Capítulo XVII - O brincar como ofício das crianças - O lúdico a favor das aprendizagens

Atualmente, a neurociência revela que a atividade do brincar envolve diversas áreas do cérebro e promove redes neuronais de grande complexidade que servirão de base para futuras aprendizagens (Lima, 2016).

A brincadeira inicia a relação da criança com a educação e a mantém entre suas atividades como um pilar no qual se apoiam valores, conhecimentos e experiências. Ela a acompanha durante todo o período em que se desenvolve influenciando em seus aspectos cognitivo, afetivo, psicológico e social, sendo um instrumento a ser utilizado pelo professor (Valenzuela *apud* Murcia, 2005).

Portanto, a brincadeira é uma situação privilegiada de aprendizagem infantil em que o desenvolvimento pode alcançar níveis mais complexos, exatamente pela possibilidade de interação entre os pares em uma situação imaginária e pela negociação de regras de convivência e de conteúdos temáticos. Levantam hipóteses, resolvem problemas, constroem sistemas de representação em um mundo ao qual não teriam acesso no seu cotidiano infantil (Wajskop, 2001).

Essa relevância pedagógica é reiterada e garantida nas DCNEI (2009) em seu artigo 9º onde a brincadeira é um dos eixos estruturantes das práticas pedagógicas na Educação Infantil juntamente com as interações, nas quais as crianças podem construir e apropriar-se de conhecimentos por meio de suas ações e interações com seus pares e com os adultos, o que possibilita aprendizagens, desenvolvimento e socialização (Brasil, 2017).

A BNCC (2017) consolida o brincar e a interação como características do cotidiano da infância, trazendo consigo muitas aprendizagens e potenciais para o desenvolvimento integral das crianças. Ao observar as interações e as brincadeiras entre as crianças, e delas com os adultos, é possível identificar, por exemplo, a resolução de conflitos, a expressão dos afetos, a mediação das frustrações e a regulação das emoções.

A BNCC (2017) também assegura o brincar como um dos direitos de aprendizagem e desenvolvimento na Educação Infantil, ocorrendo cotidianamente de diversas formas, em diversos espaços e tempos, com diferentes parceiros (crianças e adultos), ampliando e diversificando seu acesso a produções culturais, seus conhecimentos, sua imaginação, sua criatividade, suas experiências emocionais, corporais, sensoriais, expressivas, cognitivas, sociais e relacionais (Brasil, 2017).

O professor é a figura fundamental para que tudo isso aconteça, criando os espaços, as descobertas, as oportunidades, oferecendo-lhes material e partilhando das brincadeiras das crianças sempre com uma intencionalidade educativa.

Observar, descobrir, perceber como cada criança brinca, que tipo de brinquedos e jogos aprecia, é função de cada professor. Cada criança frente ao lúdico apresenta a sua própria especificidade (Mrech *apud* Kishimoto, 2007).

Uma escola que reconhece a importância do lúdico no currículo infantil, que respeita a criança enquanto sujeito, com suas próprias linguagens, seu jeito característico de ser dentro de determinada faixa etária, vai viabilizar esse ser humano na sua integralidade.

17.2 Relato de experiência

Projeto MOCHILEIROS, PÉ NA ESTRADA desenvolvido em uma escola particular, na Zona Oeste de São Paulo, com crianças em período integral, na faixa etária de três a cinco anos de idade.

Esse projeto foi uma experiência multidisciplinar envolvendo as áreas de Linguagem, Educação Física, Inglês, Música, Culinária, Ciências. O planejamento mensal foi construído a várias mãos com muita integração por parte dos docentes.

A cada mês as crianças "viajavam" para um país e descobriam a cultura, o espaço geográfico, a música, a culinária, o idioma, as brincadeiras típicas e a arte. Além disso, conheciam pessoas famosas desses países e sua contribuição para a humanidade.

A imaginação era o norte para o aprendizado, desde a preparação da mochila com os utensílios básicos, a confecção de um passaporte, a entrada em um avião fictício até a erupção de um vulcão no Chile. A culinária típica trazia os sabores da região, que eram testados nas aulas de culinária. Em Educação Física desenvolviam jogos, brincadeiras folclóricas e músicas no idioma local. Era uma explosão de experiências emocionais, corporais, sensoriais, expressivas, cognitivas, sociais e relacionais. As famílias solicitavam às professoras que explicassem o que as crianças estavam estudando, pois a motivação para o assunto era enorme.

Viajaram na imaginação para países como Alemanha, México, Itália, França, Reino Unido e Brasil. Conheceram a arte rupestre, Frida Kahlo, a arte urbana em Berlim, Leonardo da Vinci, Louis Pasteur, Sherlock Holmes, Lewis Carroll e muitos outros artistas e cientistas. O entusiasmo e a motivação dos alunos levaram os professores a se aprofundarem em todos os temas e traçarem rotas pedagógicas cada vez mais interessantes e complexas.

Esse projeto desenvolveu exatamente o que Vygotsky afirmou sobre as atividades que promovam a criação de situações imaginárias, que criem oportunidades para a criança se expandir, ser ela mesma, pesquisar, ser um investigador em potencial.

Nesse projeto, as crianças foram pequenos pesquisadores que fizeram descobertas significativas!

Capítulo XVIII

O papel da escuta ativa nos ambientes de aprendizagem das infâncias

Ao compreendermos a criança enquanto sujeito único e pleno, repleto de saberes, interesses, potenciais e, principalmente, enquanto ator social pensante e ativo no mundo, precisamos refletir sobre o papel do adulto mediador nesse processo de desenvolvimento. Para tanto, esboçaremos agora importantes reflexões acerca da escuta ativa.

Segundo Freire (2002), "é escutando que aprendemos a falar com eles. Somente quem escuta paciente e criticamente o outro fala com ele, mesmo que, em certas condições, precise de falar a ele". Diante da reflexão apresentada por Paulo Freire, entendemos que escutar a criança de fato é algo muito além de simplesmente ouvi-la. Uma escuta producente envolve entrega, disponibilidade de tempo qualitativo e afeto. Nesse contexto, vale a pena ressaltarmos as diferentes linguagens pelas quais as crianças se comunicam, pois, afinal,

> A criança é feita de cem.
> A criança tem cem mãos, cem pensamentos, cem modos de pensar, de jogar e de falar.
> Cem, sempre cem modos de escutar as maravilhas de amar.
> Cem alegrias para cantar e compreender.
> Cem mundos para descobrir. Cem mundos para inventar.

Cem mundos para sonhar.
A criança tem cem linguagens (e depois, cem, cem, cem), mas roubaram-lhe noventa e nove.
A escola e a cultura separam-lhe a cabeça do corpo.
Dizem-lhe: de pensar sem as mãos, de fazer sem a cabeça, de escutar e de não falar,
De compreender sem alegrias, de amar e maravilhar-se só na Páscoa e no Natal.
Dizem-lhe: de descobrir o mundo que já existe e, de cem, roubaram-lhe noventa e nove.
Dizem-lhe: que o jogo e o trabalho, a realidade e a fantasia, a ciência e a imaginação, o céu e a terra, a razão e o sonho, são coisas que não estão juntas.
Dizem-lhe: que as cem não existem. A criança diz: ao contrário, as cem existem (Malaguzzi, 2016).

Para que possam realmente ouvir as potentes peculiaridades das infâncias, os educadores precisam ter um olhar sensível e atento para que possam perceber para além do que é verbalizado explicitamente pelas crianças. É preciso que acolham olhares, gestos, que interpretem subjetividades, que muitas vezes se escondem na individualidade de cada criança ou de cada grupo. Só assim a mediação poderá ser sustentada paulatinamente para que venham a consolidar conhecimentos das mais diferentes ordens, a partir de estímulos ao desenvolvimento das habilidades e competências socioemocionais, tão importantes para o fortalecimento das crianças diante do universo social em que estão inseridas.

O princípio básico da prática educacional da escuta ativa está estruturado na palavra, no diálogo, enquanto ferramenta-chave para o desenvolvimento emocional. Essa prática, embasada em uma perspectiva empática, prevê, por parte dos adultos, uma atitude acolhedora em relação às demandas explicitadas pelas crianças, sejam elas de qualquer idade. Para que isso ocor-

Capítulo XVIII - O papel da escuta ativa nos ambientes de aprendizagem das infâncias

ra, a sensibilidade dos educadores precisa permear os diferentes espaços e propostas do cotidiano escolar. Se assim o for, as crianças passam a ver em seus educadores verdadeiros parceiros na construção de suas inúmeras aprendizagens.

É a partir do afeto e da confiança mútua que a criança se sente livre e segura para expressar suas emoções. Podemos inferir que a escuta ativa, embasada na disponibilidade de tempo qualitativo de afeto e atenção, traz como objetivo supremo a eliminação de obstáculos que possam vir a surgir na comunicação da criança com o mundo que a cerca. Ao contrário, a partir da concepção da escuta ativa, no ambiente escolar que acolhe a infância, as crianças poderão criar robustas relações de confiança, sensibilidade e atenção, o que será fundamental para que expressem suas emoções, sem que se amedrontem. A prática da escuta ativa na escola das infâncias propicia uma interessante sinergia entre vivências em potencial e o acesso ao conhecimento de si, do outro e do mundo.

Ainda sobre o desenvolvimento das competências socioemocionais, a escuta ativa é uma grande aliada, principalmente pelo fato de permitir conexões empáticas entre o adulto e a criança, que passa a se sentir respeitada e confiante em suas descobertas e caminhos de aprendizagens das mais diferentes ordens. Dessa maneira, pelo exemplo de acolhimento que recebe nessa prática, há indícios de que também desperte em si a habilidade de mostrar-se empática diante das situações cotidianas.

A prática da escuta ativa não é um método, com procedimentos planejados e enrijecidos em seus propósitos. Na verdade, podemos caracterizá-la como uma abordagem, cujo princípio básico é o respeito pela maneira única que cada indivíduo tem para percorrer os caminhos de suas aprendizagens. Nesta abordagem, o aprendizado nunca será o mesmo se alguém deixar de dar a sua colaboração.

O modelo de escolarização que traz imbricada em seus fazeres pedagógicos a prática da escuta ativa nos aproxima de uma escola plural e menos excludente, capaz de "escutar" as crianças em sua totalidade e, dessa forma, construir-se para elas e com elas, engajadas verdadeiramente como protagonistas do processo de ensino e aprendizagem.

18.1 Pedagogia participativa

Para ingressarmos na abordagem da pedagogia participativa, recorreremos a um breve histórico da escola do século XIX, de teor autoritário e centrada no docente como detentor dos saberes. Já a partir da segunda metade do século XX, nota-se uma tendência de olhar para os educandos em suas individualidades, porém isso caminhou e ainda caminha a passos lentos, ainda atualmente, embora a sociedade contemporânea clame por práticas pedagógicas que priorizem a formação de indivíduos autônomos e pensantes. Nesse contexto, trazemos como marco na disseminação de um paradigma dialógico para as tratativas com a infância a Convenção das Nações Unidas (ONU) acerca dos Direitos da Criança, o que a longo prazo veio a incidir na Constituição Federal de 1988 e na aprovação do ECA, em 1990 (Ribeiro, 2022), com fortes indicações sobre o direito de as crianças brincarem e serem ouvidas de maneira ampla, frente às suas especificidades e interesses.

Julgamos ser importante trazer também, a título de retomada histórica, no âmbito da pedagogia participativa, o ano de 1979 como sendo o Ano Internacional da Criança, quando inúmeras considerações foram tecidas na retomada de conceitos acerca dos Direitos das Crianças explícitos na Declaração Universal. Tais reflexões incidiram em um texto-base expresso na Convenção dos Direitos das Crianças, aprovada em 1989, enaltecendo as dimensões de provisão, proteção e participação nas abordagens com a infância. Ao trazer a sinalização sobre a

Capítulo XVIII - O papel da escuta ativa nos ambientes
de aprendizagem das infâncias

importância da participação das crianças no processo de ensino e aprendizagem, o documento, de fato, rompe o paradigma de visão meramente assistencialista em relação à escolarização da primeira infância.

Não poderíamos deixar de trazer para esta reflexão o educador Freinet, que, na França, em meados do século XX, iniciou um movimento para fixar bases para o desenvolvimento de uma psicologia de ação, levando em consideração que a criança, altamente imaginativa, capaz e criativa, precisa ser compreendida e orientada mediante uma psicologia e uma pedagogia da construção e do movimento. Seu propósito educativo previa uma abordagem de caminhos diversos para o desenvolvimento das crianças nas mais diferentes áreas de conhecimento. Nessa premissa, observamos uma imersão a uma nova filosofia da educação com a influência do materialismo histórico-dialético, algo revolucionário para o momento histórico opressor vivenciado na França.

Por meio de seus estudos, Freinet dialogou com seu tempo, enaltecendo as demandas sociais e culturais dos educandos de sua época e sobre a urgência de trazer para as escolas abordagens significativas e contextualizadas, repletas da vivacidade peculiar da infância. Com isso, o aprendizado passou paulatinamente, e em todos os níveis de ensino, a ganhar um novo sentido, interligando aspectos pedagógicos e sociais. Nesse contexto, aproximamo-nos de uma pedagogia participativa, que situa o aluno enquanto agente ativo no processo de ensino e aprendizagem.

Encontramos nas Diretrizes Curriculares Nacionais Gerais da Educação Básica (Brasil, 2013) as tendências pedagógicas que se situam na perspectiva da pedagogia participativa, enquanto integradora que concerne a uma construção de experiências educativas com base na utilização de diferentes instrumentos didáticos que perpassam a organização escolar em si. Tendo o documento como norte do trabalho contemporâneo em relação à infância, caracterizamos a prática da pedagogia participativa como eixo estruturante de ações pedagógicas que priorizem a evolução da criança e seu desenvolvimento, enquanto ser ativo no processo de ensino e aprendizagem. Para tanto, devem elas estar pautadas em estímulos adequados e assertivos, ricos em possibilidades de novas descobertas, em escuta ativa dos educadores em relação aos interesses das crianças, em preparo de espaços acolhedores e pensados para promover uma verdadeira imersão em projetos que abordem temáticas de diferentes assuntos e principalmente na perspectiva de interações com os pares, e com o entorno escolar.

A Pedagogia participativa se dedica, portanto, à evolução do aluno e ao seu desenvolvimento pleno. Tem como objetivo estimular e ouvir os interesses e, por meio de atividades e ambientes prazerosos para as crianças, prezando pelas interações qualitativas nas quais os saberes se entrelaçam e o conhecimento se constitui com liberdade de questionamentos, planejamentos e participações que independem de uma única linguagem, desde que as próprias crianças tenham voz ativa junto ao educador.

Práticas pedagógicas pautadas na premissa da escuta ativa e da Pedagogia participativa trazem aos educandos ganhos significativos no que tange ao desenvolvimento da autoconfiança e do sentimento de pertencimento. Com isso, o aprendizado se torna, de fato, produtivo e eficaz. Nesse processo, a escuta é um dispositivo indispensável para que o educador possa perceber, ver, olhar e se conectar com as crianças para somente então conseguir escutá-las em sua totalidade comunicativa.

Nesse sentido, Castro (2007) muito contribui ao proferir que as histórias tecidas no cotidiano escolar precisam se constituir abarcando diferentes pontos de vista, inclusive os dos bebês e os das crianças pequenas, enquanto protagonistas de suas próprias histórias.

Enfim, podemos inferir que um dos papéis mais importantes da Pedagogia participativa é a ressignificação do diálogo enquanto contraponto do monólogo que prevê o adulto como único detentor dos saberes. Práticas dialógicas são, portanto, a base para uma pedagogia de matriz participativa.

18.2 Relato de experiência

Traremos para este relato de experiência a perspectiva da escuta ativa e da prática da pedagogia participativa, o contexto do período de acolhimento das crianças pequenas no universo da Educação Infantil, a título de ilustrar o quão importantes são tais abordagens desde a primeira infância.

Quando a criança se depara com a realidade de uma nova jornada escolar, é sem dúvida um marco muito significativo em sua vida, representando muitas vezes a primeira experiência de ruptura com o seio familiar. Nesse contexto, um turbilhão de emoções surge e perpassa com maior ou menor intensidade sentimentos de euforia, de medo, de insegurança, de ansiedade, de curiosidade, não apenas para a criança em si, mas também em relação à sua família, que também vivencia o novo exercício de delegar a outrem o seu maior tesouro.

No decorrer de suas carreiras enquanto educadoras e na gestão de potentes escolas dedicadas à escolaridade de crianças de 1 a 6 anos, as autoras desta obra literária puderam observar de maneira efetiva práticas pedagógicas voltadas ao respeito pelas crianças pequenas, em movimentos cotidianos e incansáveis no sentido de trazê-las para o protagonismo de suas aprendizagens, sentindo-se, ao mesmo tempo, seguras e instigadas a novas descobertas. Um importante relato de experiências positivas nesse sentido começou com uma reunião com as famílias, antecedendo o início do período letivo. Do ponto de vista afetivo e dialógico, isso sempre fez total diferença, lembrando que, se a família se sente acolhida e segura, inevitavelmente passará às crianças a mesma segurança para que os enfrentamentos da nova realidade social transcorram com maior leveza. Obviamente também foram observadas situações mais desafiadoras que demandaram outras muitas estratégias, pois, quando falamos de relações humanas, não há receita pronta a seguir. Porém, podemos afirmar que o acolhimento, a escuta ativa e o diálogo transparente sempre nos pareceram ser as melhores opções.

Nos percursos observados, a postura dos educadores buscou diminuir ao máximo a distância entre os adultos e as crianças. Como estratégia para alcançar esse objetivo, alguns indicadores estratégicos nos pareceram ser fundamentais. Entre eles, destacamos:

> • O contato visual acolhedor, estabelecido nos momentos de diálogo com a criança, quando o educador responsável buscava ficar na altura de seu olhar, deixando claros sua proximidade e respeito pela conversa estabelecida.

> • O tempo dedicado às conversas, desprovido de pressas ou interrupções, pois só assim o desejo por diálogos futuros e promissores é validado, a fim de promover maiores aprendizados ligados às mais distintas áreas. Vale ressaltar que os diálogos podem se constituir fora dos momentos de formalidade e inclusive durante as brincadeiras e interações do cotidiano escolar. Embasadas em tais princípios, as professoras adotavam uma postura próxima às crianças, como que brincando com elas e, nesse contexto, davam vazão a um diálogo respeitoso, provocativo, questionador acerca dos interesses das crianças, capaz de fomentar os mais variados caminhos investigativos.

• A proposição de espaços e dinâmicas ricas em possibilidades investigativas, que aguçem a curiosidade das crianças e que permitam aos professores a elaboração de novos questionamentos, capazes de entrelaçar saberes prévios aos que se originarão de novas pesquisas junto ao grupo, considerando interesses e o protagonismo nas aprendizagens mediadas pelos adultos. Por incontáveis vezes, deparamo-nos com a sutileza de detalhes na constituição dos espaços da rotina escolar, montados com o objetivo de aguçar a curiosidade e possibilitar descobertas mediadas pelo educador. Com isso, além da experiência estética (que afeta, surpreende, mobiliza, faz pensar), tão importante para transpor os limites do ordinário, pudemos notar afetos sendo nutridos, trocas de saberes robustos e curiosidade aguçada para alicerçar saberes protagonizados, de fato, pelas crianças.

• A confiança na capacidade das crianças propiciando que sejam coconstrutoras do processo educativo. Assim, espaços de acolhimento bem elaborados e com proposições para além do brincar, apesar de ricamente lúdicos, podem ilustrar esse relato de experiência. Como exemplo, trazemos uma vivência com diferentes estações de aprendizagens, como recorte, modelagem, escrita espontânea de fabulações, teatro de fantoches, onde as crianças escolhiam livremente seus afazeres, e o professor apenas acolhia as escolhas sem interferir nelas.

- Abordagem de processos espirais de aprendizagem, que gerem encadeamentos que não se esvaziem apenas em momentos estanques de vivências. Ainda vinculado ao exemplo dado anteriormente, a partir da escuta ativa do professor durante as propostas realizadas nas diferentes estações de aprendizagem, assuntos ali surgidos ou produções ali realizadas foram trazidas para debates em roda, propiciando novas possibilidades de investigações ou ampliação de repertórios pertinentes aos universos explorados. O que vimos foram, portanto, contextos de investigações e invenções, lugares em movimento, em ebulição, com temporalidades diversas, com convites para o aprender e para a construção de narrativas coletivas que se concretizam em processos espirais.

- Uso de materiais variados, flexíveis e que promovam experimentações. Nesse contexto, as práticas observadas por nós nos trouxeram a clareza das educadoras acerca das diferenciações sobre matéria (elemento originário, como água, madeira, barro), materialidade (potência de transformação da matéria, como a maleabilidade da argila) e materiais (frutos das matérias processadas, como um lápis ou um papel). Como exemplo prático, trazemos uma proposição com um grupo focal de crianças com três anos: no espaço gramado da escola, foram disponibilizados diferentes objetos, com materialidades que pudessem causar estranheza (peneiras, tecidos, cabaças, colheres de madeira). O contraste entre as materialidades exploradas pelas crianças gerou perguntas e potentes movimentos investigativos.

- Foco na aprendizagem pela descoberta, pela problematização. Ainda aproveitando o exemplo da vivência acima citada, no decorrer do processo, as educadoras se aproximavam das crianças com perguntas desafiadoras acerca de suas percepções sobre os materiais e suas materialidades. Dessa forma, as crianças se engajavam em outras perspectivas. Exemplo:

Professor: Para que serve esta peneira?

Criança: Para passar a terra nela e ficar fininha.

Professora: Mas a terra sai fininha de todas as peneiras?

Criança: Nesta aqui a terra sai com pelotas.

Professora: Por quê?

Criança: Deve ser por causa dos buracões que são diferentes.

Professora: Será que tem outro material que deixa a terra passar assim?

Criança: A colher, não dá. Porque não tem buracos. Só se a terra cair da colher...

O breve diálogo retratado deixa claro, em primeiro lugar, o importante papel do professor enquanto mediador dos processos de aprendizagem, instigando a observação e a testagem das materialidades escolhidas nas propostas. Barbieri (2012) nos aponta que a atenção e a presença do educador para localizar problemas que possam ser investigados pelas crianças são certamente propulsoras de movimentos de aprendizagens.

- Abordagem de conteúdos embasados em conhecimentos holísticos, abarcando diferentes campos de experiências. Partindo desse princípio, ao estabelecer um diálogo provocativo com as crianças acerca das materialidades exemplificadas no contexto exploratório citado acima, a professora aguçou descobertas que consideram a totalidade e a interligação entre diferentes áreas de conhecimento.

• Uso de registros dos percursos, por meio de fotos, notas das falas das crianças, mapas mentais que permitam o encadeamento e o planejamento das ações. A partir do diálogo com a criança, a professora em questão voltou para a sala referência e expôs ao grupo as observações realizadas, captando também outras tantas observações e vivência de outros grupos. Com isso, foi criando mapas mentais, que ajudaram a dar continuidade ao projeto. Também foi notória a utilização de fotos tiradas no decorrer da proposta e, com elas, as crianças puderam recapitular conceitos e trazer novos questionamentos.

• Elaboração de documentação pedagógica que conte os percursos, permitindo um revisitar constante por parte de todos os envolvidos nos processos, em especial, da própria criança. No decorrer das vivências, a professora foi montando uma robusta documentação pedagógica contando o percurso por meio de fotos, de registros das falas das crianças e de registros realizados por elas. É interessante ressaltar que a elaboração dessa documentação teve participação direta das crianças, selecionando fotos, indicando caminhos. Depois de pronta e validada por todos, foi partilhada com as famílias.

• Escuta explícita do contexto educativo, considerando para o planejamento cotidiano os espaços, o tempo, as materialidades, as interações e as narrativas. Nessa perspectiva, as educadoras avançaram na percepção de que a criança tem uma gigantesca capacidade de transver o mundo, para além de funções imediatas e pragmáticas do que observam.

• Desemparedamento das propostas pedagógicas, usando como recurso uma larga escala de contato direto com a natureza e seus elementos. Assim, o brincar heurístico alinhava os saberes e os prazeres da vida escolar.

O que existe, não são as coisas feitas, mas as coisas se fazendo (Lapoujad, 2017).

Toda a abordagem desse relato de experiência evidencia a clareza da professora em relação à não linearidade das aprendizagens. Ao convocar as crianças para a participação direta nos processos investigativos e na elaboração da documentação pedagógica, a professora abre um leque de caminhos, diante dos quais não há um caminho único e predeterminado a seguir. Assim, o tempo de duração dos projetos e das vivências não tem um tempo específico para finalização.

Enfim, os relatos selecionados para ilustrar este capítulo ocupam o precioso lugar da "escuta da alma das crianças" e da visão de seu maravilhamento diante das incontáveis descobertas que solidificarão seus sentidos e significados diante da vida. Isso só poderá ser validado a partir de pedagogias participativas e voltadas para a inteireza de diálogos potentes, escuta ativa e mediação refinada dos professores diante dos processos de aprendizagens que permeiam o universo escolar.

Capítulo XIX

A história da infância a partir do agora

O objetivo principal deste livro foi trazer para os educadores a trajetória histórica da infância desde os seus primórdios até os dias atuais. Uma história viva com uma caminhada repleta de percalços, sofrimentos e algumas conquistas. Em linhas gerais, vimos a criança partir de uma figura anônima, em que era considerada um homem em miniatura para conquistar um lugar e um reconhecimento de sua existência com o período da escolarização. Nesse momento, a escola passou a ser um divisor entre o mundo infantil e o adulto. É no século XIX e na Idade Contemporânea que se abre um caminho para o conceito de infância que temos atualmente.

E agora? Quais as perspectivas em relação ao desenvolvimento da infância?

Estudos multidisciplinares são desenvolvidos envolvendo áreas do conhecimento como pedagogia, psicologia, geografia, antropologia, sociologia e história, e trazem um novo olhar sobre essa fase do desenvolvimento humano. Estudiosos investigam temas como a criança em conflito com a lei, a infância em situação de rua, trabalho escravo, diferentes violências sofridas pela criança, e ainda há estudos específicos sobre a infância do campo, as ribeirinhas, as quilombolas, as indígenas e as ciganas. É um país com uma imensa diversidade social e cultural!

Silva (2020) coloca dois argumentos centrais que devem ser observados pelos estudos das infâncias atualmente. O primeiro coloca as crianças como sujeitos ativos que possuem vontades e necessidades próprias, e a partir disso produzem espaços, ressignificam, interferem e são interferidos. O segundo ponto são os espaços geográficos, um fator imprescindível para a compreensão das crianças e de como elas vivem as diferentes infâncias, pois são constituintes e constituídas por esses espaços. Há, portanto, a necessidade de se pensar estratégias para o presente com o compromisso de garantir os direitos de crianças e adolescentes, tendo em vista essa demanda social de extrema urgência.

O ECA, em 1990, institucionalizado pela Lei Federal nº 8.069, transforma a criança e o jovem em prioridades de Estado. A legislação pretende protegê-los da família desestruturada e dos maus-tratos que venham a sofrer; quer garantir educação, políticas sociais, alimentação e bases para o exercício da cidadania. Passetti *apud* Priore (2023) ressalta que não restam dúvidas de que o ECA é a mais avançada legislação para a criança e o adolescente criada no Brasil, mas que ainda pode ser melhorada, minimizando ou até suprimindo as penalizações.

A Lei nº 12.696, de 25 de julho de 2012, alterou alguns artigos do ECA para tratar dos Conselhos Tutelares, outra instituição encarregada por zelar pelo cumprimento dos direitos da criança e do adolescente, e que no seu art. 5º evidencia:

> Nenhuma criança ou adolescente será objeto de qualquer forma de negligência, discriminação, exploração, violência, crueldade e opressão, punido na forma da lei qualquer atentado, por ação ou omissão, aos seus direitos fundamentais.

No campo educacional, a forma como a infância de hoje é notada como base o Referencial Curricular Nacional para a Educação Infantil, que coloca que "as crianças possuem uma natureza singular, que as caracterizam como seres que sentem e pensam o mundo de um jeito muito próprio."

Capítulo XIX - A história da infância a partir do agora

Em 2017, é promulgada a BNCC, documento normativo, referência nacional para a formulação dos currículos dos sistemas e das redes escolares dos Estados, dos Municípios e do Distrito Federal. Ela integra a política nacional de Educação Básica e vai contribuir para o alinhamento de outras políticas e ações referentes à formação de professores, à avaliação, à elaboração de conteúdos educacionais e aos critérios para a oferta de infraestrutura adequada para o pleno desenvolvimento da educação (Brasil, 2017).

A BNCC é balizadora da qualidade da educação e um instrumento fundamental para garantir um patamar comum de aprendizagens para todos os estudantes. Não dá receitas para fazer o caminho. Só indica aonde chegar. Cada um desenha seu caminho levando em consideração a realidade local, as características dos alunos, as diferenças e a diversidade. Ela traz uma nova visão de aluno que deve ser preparado para:

– Atuar com discernimento e responsabilidade;

– Aplicar conhecimentos para resolver problemas;

– Ser proativo para identificar dados de uma situação e buscar soluções;

– Conviver e aprender com as diferenças, as diversidades e as situações complexas do dia a dia;

– Ter autonomia para tomar decisões;

– Aprender a aprender.

Com essa visão não é mais possível se ter práticas pedagógicas que privilegiem a transmissão e o acúmulo de informações. O aluno é o centro do processo de aprendizagem. Segundo a BNCC, o currículo deve ser orientado para o desenvolvimento de competências, e o conhecimento deve ser colocado em situações práticas, em situação de vida real.

Pesquisas em Neurociências mostram que o aprendizado acontece com mais facilidade na primeira infância do que em estágios posteriores da vida da criança. A educação dada a elas nessa faixa etária pode contribuir para o estímulo de determinadas características de comportamento e traços de personalidade, como sociabilidade, autoestima, persistência e motivação.

É necessário rompermos com a ideia de que as crianças são problemas e reconhecer a situação estrutural, os contextos de violação dos direitos e as precárias condições de vida e de sociabilidade de muitas crianças brasileiras. As políticas sociais para a infância são marcadas por uma tensão entre uma legislação avançada que reconhece o dever do Estado frente aos direitos das crianças e um cenário de desigualdades no acesso e usufruto delas.

Pensar uma escola para a infância é ter em conta que precisamos conhecer as crianças e suas formas de apreender o mundo. O desafio que se coloca agora é o de construirmos uma pedagogia que acompanhe a criança, em cada uma das etapas dessa fase da vida. A escola, assim, seria um lugar de encontro entre crianças e adultos, um lugar para brincar, elaborar hipóteses sobre o mundo, problematizá-lo, pesquisá-lo, um lugar de aprender e de viver a cidadania.

> Por fim, parece-nos evidente que querer conhecer mais sobre a trajetória histórica dos comportamentos, das formas de ser e de pensar das nossas crianças, é também uma forma de amá-las todas, indistintamente melhor (Priore, 2023, p.17).

REFERÊNCIAS

AGUIAR, J. **A Infância do Brasil**. São Paulo: Nemo, 2022.

ARIÈS, P. **História Social da Criança e da Família**. Rio de Janeiro: Guanabara, 1981.

ARRIBAS, T. L. *et al*. **Educação Infantil**: Desenvolvimento, Currículo e Organização Escolar. 5. ed. Porto Alegre: Artmed, 2004.

ARROYO, M. G. **Ofício de Mestre:** Imagens e Autoimagens. 11. ed. Petrópolis: Vozes, 2009.

AZEVEDO, A. **Revelando a Aprendizagem das Crianças:** a documentação pedagógica. Tese de Mestrado em Educação da Infância. Braga: Instituto de Estudos da Criança, Universidade do Minho, 2009.

AZEVEDO, G.; SARAT, M. História da Infância no Brasil: Contribuições do Processo Civilizador. **Educação e fronteiras on-line**, Dourados v. 5, n. 13, p. 19-33, jan./abr. 2015.

BARBIERI, S. **Territórios da Invenção:** Ateliê em Movimento. 1. ed. São Paulo: Jujuba, 2021.

BORGES, L. F. M. *et al*. Rendimento acadêmico e os estilos de aprendizagem: um estudo na disciplina análise de custos. **Revista Alcance**, Itajaí, v. 25, n. 2, p. 161-176, 2018. Disponível em: https://doi.org/alcance.v25n2(Mai/Ago). Acesso em: 3 jul. 2023.

BRASIL. **Diretrizes Curriculares Nacionais Gerais da Educação Básica**. Brasília: MEC, SEB, DICEI, 2013.

BRASIL. **Lei de Diretrizes e Bases da Educação Nacional – LDB. Lei nº 9.394/1996**. Disponível em: http://www.planalto.gov.br/CCIVIL_03/Leis/L93 94.htm. Acesso em: 22 fev. 2024.

BRASIL. **Lei Federal nº 8.069, de 13 de julho de 1990**. ECA – Estatuto da Criança e do Adolescente. Brasília: Congresso Nacional, 1990a.

BRASIL. **Lei nº 12.696, de 25 de julho de 2012**. Altera os arts. 132, 134, 135 e 139 da Lei n° 8.069, de 13 de julho de 1990 (Estatuto da Criança e do Adolescente), para dispor sobre os Conselhos Tutelares. Diário Oficial da União: seção 1, Brasília, DF, 26 jul. 2012.

BRASIL. **Lei n° 12.796, de 4 de abril de 2013**. Altera a Lei n° 9.394, de 20 de dezembro de 1996, que estabelece as diretrizes e bases da educação nacional, para dispor sobre a formação dos profissionais da educação e dar outras providências. Disponível em: https://www.planalto.gov.br/ccivil_03/_ato2011-2014/2013/lei/l12796.htm. Acesso em: 8 jan. 2025.

BRASIL. **Lei nº 13.257 de 8 de março de 2016.** Dispõe sobre a Lei do Marco Legal para a Primeira Infância. Brasília: Congresso Nacional, 1990.

BRASIL. Ministério da Educação e do Desporto. Secretaria de Educação Fundamental. **Referencial Curricular Nacional para a Educação Infantil**. Brasília: MEC/SEF, 1998a. v. I.

BRASIL. Ministério da Educação e do Desporto. Secretaria de Educação Fundamental. **Referencial Curricular Nacional para a Educação Infantil**. Brasília: MEC/SEF, 1998b. v. II.

BRASIL. Ministério da Educação e do Desporto. Secretaria de Educação Fundamental. **Referencial Curricular Nacional para a Educação Infantil**. Brasília: MEC/SEF, 1998c. v. III.

BRASIL. Ministério da Educação. **Base Nacional Comum Curricular**. Brasília: MEC/SEF, 2017.

BRASIL. Ministério da Educação. **Base Nacional Comum Curricular**. Brasília: MEC/SEF, 2018.

BRASIL. Ministério da Educação. **Base Nacional Comum Curricular**. Brasília: MEC/SEF, 2018.

BRASIL. Ministério da Educação. **Política Nacional de Educação Especial na Perspectiva da Educação Inclusiva**. Brasília: MEC/SEF, 2008.

BRASIL. Ministério da Educação. **Resolução CNE/CEB nº 02/2001**. Institui as Diretrizes Nacionais para a Educação Especial na educação Básica. Brasília: MEC/SEF, 2001.

BRASIL. Ministério da Educação. **Resolução nº 5, de 17 de dezembro de 2009**. Fixa as Diretrizes Curriculares Nacionais para a Educação Infantil. Brasília: MEC/SEF, 2009.

BRASIL. Ministério da Educação. Secretaria de Educação Básica. **Parâmetros Básicos de Infraestrutura para Instituições de Educação Infantil**. Brasília: MEC, SEB, 2006b.

BRASIL. Ministério da Educação. Secretaria de Educação Básica. **Parâmetros Nacionais de Qualidade para a Educação Infantil**. Brasília, 2006c. v. I.

BRASIL. Ministério da Educação. Secretaria de Educação Básica. **Política Nacional de Educação Infantil:** pelo Direito da Criança de 0 a 6 Anos à Educação. Brasília: MEC/SEF, 2006a.

CANDAU, V. M.; NEHME, S.; KOFF, A. M. Conversas com... sobre a didática e a perspectiva multi/intercultural. **Educação & Sociedade**, Centro de Estudos, Educação e Sociedade Campinas, v. 27, n. 95, p. 471-493, maio-agosto 2006.

CASTRO, L. P. A politização (necessária) do campo da infância e da adolescência. **Rev. Psicol. Polít.**, v. 7, n. 14, dez. 2007. Disponível em http://pepsic.bvsalud.org/pdf/rpp/v7n14/v7n14a15.pdf. Acesso em: 20 mar. 2024.

CAUVILLA, W. Sobre o momento da constituição da ideia de infância: ponto de vista de um historiador. **Estilos da Clínica:** revista sobre a infância com problemas, São Paulo, v. 4, n. 6, p. 72-79, jul. 1999.

CEPPI, G.; ZINI, M. (Org.). **Crianças, Espaços e Relações:** como Projetar Ambientes para a Educação Infantil. Porto Alegre: Penso, 2013.

CHICON,J. F.; SOARES, A. S. **Compreendendo os Conceitos de Integração e Inclusão. 2005.** *Disponível em: http://www.todosnos.unicamp.br.* Acesso em: 20 jun. 2024.

CHOPRIX, F. D.; FORTUNY, M. Ovide Decroly. **Revista Española de Pedagogia.** Madrid: Universidad Internacional de La Rioja (UNIR), 2009.

DAVI, M.; APPEL, G. **Lóczy,** uma insólita atenção pessoal. Barcelona: Octae-dr, 2010.

DELORS, J. Educação: um tesouro a descobrir. **Relatório para a UNESCO da Comissão Internacional sobre Educação para o Século XXI**. 6. ed. São Paulo: Cortez, Brasília: MEC/UNESCO, 2001.

DEWEY, J. **Democracia e Educação:** Introdução à Filosofia da Educação. Tradução de Godofredo Rangel e Anísio Teixeira. 4. ed. São Paulo: Companhia Editora Nacional, 1979.

DEWEY, J. Democracia y Educación. In: DEWEY, J. **El Nino y el Programa Escolar:** Mi Credo Pedagógico. Buenos Aires: Losada, 1959.

EI – Centro de Referências em Educação Integral; Instituto C&A. **Educação Integral nas Infâncias**. Criative Commons, maio 2017.

ELIAS, M. Del C. **Célestin Freinet:** uma pedagogia de atividade e cooperação. Petrópolis: Vozes, 2004.

ELIAS, M. Del C. (Org.). **Pedagogia Freinet**. 3. ed. Campinas: Papirus, 2002.

FRAZÃO, D. **Maria Montessori:** Pedagoga Italiana. Biografia de Maria Montessori. [s. l.], 2020. Disponível em: http://www.metodomontessori.com.br/cursode-formaccedilatildeo.html. Acesso em: maio 2024.

FREINET, C. **Pedagogia do Bom Senso**. 7. ed. São Paulo: Martins Fontes, 2004.

FREIRE, P. **Pedagogia da Autonomia:** Saberes Necessários à Prática Educativa. 23. ed. Rio de Janeiro: Paz e Terra, 2002.

FREITAS, M. C. de (Org.). **História Social da Infância no Brasil**. 4. ed. São Paulo: Cortez, 2001.

GALVÃO, I. **Henri Wallon:** uma concepção dialética do desenvolvimento infantil. Petrópolis: Vozes, 2007.

GASPAR, M. de L. R. Os Impactos do FUNDEB na Educação Infantil Brasileira: Oferta, Qualidade e Financiamento. **Evidência**, Araxá, n. 6, 2010.

HEYWOOD, C. **Uma História da Infância: da Idade Média à Época Contemporânea no Ocidente**. Porto Alegre: Artmed, 2004.

HOBSBAWM, E. J. **A Era do Capital** – 1848-1875. Tradução de Luciano Costa Neto. Rio de Janeiro: Paz e Terra, 1977.

KÁLLÓ, E.; BALOG, G. **As Origens do Jogo Livre**. Budapeste: Associação Pikler-Lóczy de Hungria, 2013.

KISHIMOTO, T. M. (Org.). **Jogo, Brinquedo, Brincadeira e a Educação**. 10. ed. São Paulo: Cortez, 2007.

KISHIMOTO, T. M. (Org.). **O Brincar e suas Teorias**. São Paulo: Pioneira Thomson Learning, 2002.

KISHIMOTO, T. M. (Org.). **O Jogo e a Educação Infantil**. São Paulo: Pioneira Thomson Learning, 2003.

KISHIMOTO, Tizuko Morchida; OLIVEIRA-FORMOSINHO, Júlia (Compilador). **Em busca da pedagogia da infância: pertencer e participar**. 1. ed. São Paulo: Penso, 2013.

KRAMER, S. Formação de profissionais de Educação infantil: questões e tensões. In: MACHADO, M. L. de A. (Org.). **Encontros & Desencontros em Educação Infantil**. São Paulo: Cortez, 2003.

LAPOUJAD, D. **William James:** a Construção da Experiência. São Paulo: N-1 Edições, 2017.

LIMA, E. S. **Fundamentos da Educação Infantil**. São Paulo: Inter Alia, 2016.

LOUREIRO, S. A. G. **Alfabetização:** uma perspectiva humanista e progressista. Belo Horizonte. Autêntica, 2005.

MAHONEY, A. A.; ALMEIDA, L. R. de. Afetividade e Processo Ensino-Aprendizagem: Contribuições de Henri Wallon. **Psicologia da Educação**, v. 20, 2005.

MALAGUZZI, L. História, Ideias e Filosofia Básica. 3. In: EDWARDS, C.; GANDINI, L.; FORMAN, G. **As Cem Linguagens da Criança:** a Abordagem de Reggio Emilia na Educação da Primeira Infância. Porto Alegre: Penso, 2016.

MALAGUZZI, L. História, Ideias e Filosofia Básica. In: EDWARDS, C.; GANDINI, L.; FORMAN, G. **As Cem Linguagens da Criança:** a Abordagem de Reggio Emilia na Educação da Primeira Infância. Porto Alegre: Artmed, 1999.

MARTINI, D.; MUSSINI, I.; GILIOLI, C.; RUSTICHELLI, F.; GARIBOLDI, A. **Educar é a Busca de Sentido:** Aplicação de uma Abordagem Projetual na Experiência Educativa de 0-6 Anos. São Paulo: Escola Ateliê Carambola, 2020.

MELO, J. S. Breve Histórico da Criança no Brasil: Conceituando a Infância a partir do Debate Historiográfico. **Revista Educação Pública**, v. 20, n. 2, 14 de janeiro de 2020. Disponível em: https://educacaopublica.cecierj.edu.br/artigos/20/2/breve-historico-da-crianca-no-brasil-conceituando-a-infancia-a-partir-do-debate-historiografico.

MODLER, N. L.; RHEINGANTZ, P. A.; CARVALHO, R. S. de. Espaço-Ambiente na Educação Infantil: Diálogos entre Arquitetura e Pedagogia da Infância. In: AZEVEDO, G. A. N. (Org.). **Diálogos entre Arquitetura, Cidade e Infância:** Territórios Educativos em Ação. Rio de Janeiro: UFRJ/FAU/PROARQ, 2019 (*E-book*). p. 84-203. Disponível em: http://www2.gae.fau.

ufrj.br/wp-content/uploads/2021/04/Territ%C3%B3rios-Educativos.pdf. Acesso em: 12 mar. 2024.

MONTESSORI, M. **Pedagogia Científica:** a Descoberta da Criança. Tradução de Pe. Aury Maria Azélio Brunetti. São Paulo: Kírion, 2017.

MURCIA, J. A. M. *et al.* **Aprendizagem através do Jogo.** Porto Alegre: Artmed, 2005.

OLIVEIRA, Z. de M.; MELO, A. M.; VITÓRIA, T.; FERREIRA, M. C. R. F. **Creches:** Crianças, Faz de Conta & Cia. Petrópolis: Vozes, 2003.

OLIVEIRA, Z. de M.; MELO, A. M.; VITÓRIA, T.; FERREIRA, M. C. R. F. (Org.). **A Criança e seu Desenvolvimento:** Perspectivas para se Discutir a Educação Infantil. 4. ed. São Paulo: Cortez, 2000.

OZMON, H. A.; CRAVER, S. M. **Fundamentos Filosóficos da Educação.** 6. ed. Porto Alegre: Artmed Editora, 2004.

PALANGANA, I. C. **Desenvolvimento e Aprendizagem em Piaget e Vygotsky:** a Relevância do Social. 3. ed. São Paulo: Summus, 2001.

PIAGET, J. **A Epistemologia Genética e a Pesquisa Psicológica.** Rio de Janeiro: Freitas Bastos, 1974.

PIAGET, J. **A Equilibração das Estruturas Cognitivas:** Problema Central do Desenvolvimento. Tradução de Álvaro Cabral. Rio de Janeiro: Zahar, 1976.

PIAGET, J. **A Representação do Mundo na Criança.** Tradução de Álvaro Cabral. São Paulo: Ideias e Letras, 2005. (Trabalho original publicado em 1926).

PIAGET, J. **Inteligencia y Afectividad.** Buenos Aires: Aique Grupo Editor, 2001. (Trabalho original publicado em 1954).

PINNAZA, M. A. John Dewey: Inspirações para uma Pedagogia da Infância. In. OLIVEIRA FORMOSINHO, J.; KISHIMOTO, T. M.; PINAZZA, M. A. (Org.). **Pedagogia(s) da Infância:**

Dialogando com o Passado. Construindo o Futuro. Porto Alegre: Artmed, 2007.

PORVIR. **O Brincar como Parte Fundamental do Aprender**. Disponível em: porvir.org. Acesso em: out. 2022.

PRIORE, M. del (Org.). **História das Crianças no Brasil**. 7. ed. São Paulo: Contexto, 2023.

RESNICK, M. **Jardim de Infância para a Vida Toda:** por uma Aprendizagem Criativa, Mão na Massa e Relevante para Todos. Porto Alegre: Penso, 2020.

RIBEIRO, B. **Pedagogia das Miudezas:** Saberes Necessários a uma Pedagogia que Escuta. São Carlos: Pedro & João Editores, 2022.

SANTOS, A. P. dos. **Educação "pelas coisas":** princípio pedagógico no iluminismo de Rousseau. Educação. Porto Alegre: Pontifícia Universidade Católica do Rio Grande do Sul. Porto Alegre, v. 39, núm. esp., dez. 2016. Disponível em: http://www.redalyc.org/articulo.oa?id=84850103011. Acesso em: 21 maio 2024.

SILVA, Jacqueline Silva da. **O Planejamento no Enfoque Emergente:** Uma experiência no 1º Ano do Ensino Fundamental de Nove Anos. Tese (doutorado) – Universidade Federal do Rio Grande do Sul, Faculdade de Educação, Programa de Pós-Graduação em Educação, Porto Alegre, 2011.

SILVA, A. R. L. Uma Criança para cada Infância: a Construção do Conceito de Infância Moderna e Contribuições Interdisciplinares. **XIII Encontro Estadual de História da ANPUH-PE:** História e Mídias: Narrativas em Disputa. Recife, 2020. Disponível em: https://www.encontro2020.pe.anpuh.org/resources/anais/22/anpuh-pe-eeh2020/1601402421_ARQUIVO_adc5cb26aef7aec81a1d9e1aa0c78b05.pdf. Acesso em: 04 abr. 2024.

SOARES, S. M. **Vínculo, Movimento e Autonomia:** Educação até 3 Anos. São Paulo: Omnisciência, 2017.

TARDIFF, M.; LESSARD, C. **O Trabalho Docente.** Elementos para uma Teoria da Docência como Profissão de Interações Humanas. Petrópolis: Vozes, 2005.

TOTVS Blog Gestão para Instituições de Ensino. **Metodologias Ativas de Aprendizagem.** Publicado em 16 de maio de 2022. Disponível em: https://www.totvs.com>blog>instituição-de-ensino>metodologias-ativas. Acesso em 02 abr. 2024.

VYGOTSKY, L. S. **A Formação Social da Mente.** 3. ed. São Paulo: Martins Fontes, 1989.

VYGOTSKY, L. S. **A Formação Social da Mente.** 4. ed. São Paulo: Livraria Martins, 1991.

VYGOTSKY, L. S. **A Formação Social da Mente.** São Paulo: Martins Fontes, 1999.

VYGOTSKY, L. S. **Pensamento e Linguagem.** São Paulo: Martins Fontes, 1987.

WAJSKOP, G. **Brincar na Pré-Escola.** 5. ed. São Paulo: Cortez, 2001.

WALLON, H. **A Evolução Psicológica da Criança.** Lisboa: Edições 70, 1995.

WALLON, H. Ecrits et Souvenirs (Textes de Wallon sur des Auteurs de son Choix). **Enfance**, n. 1-2, 1968.

WALLON, H. **Psicologia e Educação da Infância.** Lisboa: Editorial Estampa, 1975.

ZABALZA, M. A. **Qualidade em Educação Infantil.** Porto Alegre: ArtMed, 1998.